# 예뜰에 핀 호야꽃

발레리나도 되고 싶고

피아니스트도 되고 싶고

목사도 되고 싶었던

꿈 많았던 작은 소녀,

사모가 되어 다 이루었다.

목회자의 아내로, 그의 동역자로,

유치원 원장과 가정사역 전문가로

인생 1막을 아름답게 마무리하고

새로운 인생 2막을 열며

그녀는 또 어떤 꿈을 꾸고 있을까?

# 예뜰에 핀
# 호야꽃

2022년 4월 30일 초판 1쇄 발행

**지 은 이**   신애숙
**이 메 일**   jbt6921@hanmail.net
**디 자 인**   달미소
**펴 낸 곳**   한딤북스
**교정교열**   박제언
**신고번호**   제2009-6호
**등록주소**   서울시 영등포구 문래동 164, 2동 3803호(문래동3가, 영등포SK리더스뷰)
**팩     스**   (02) 862-2102

**I S B N**   979-11-85156-45-3 (03200)
**정     가**   15,000원

예뜰에 핀

# 호야꽃

신애숙 지음

한덤북스

# 추천사

<꽃들은... >

꽃들은 깊은 산 속
아무도 보지 않는 데서 피어나든지
절벽에 대롱대롱 매달려 피든지
옮겨 달라고 조르지 않는다.
서럽다 서럽다 흐느끼지도 않는다.
잘 보이려 치장하는 일도 없다.


말 없는 저 꽃들인들 왜 속이 없을까?


나도 꽃이고 싶다.


　나의 졸시(拙詩), '꽃'을 꺼내들고 우리 부부는 신애숙사모가
시(詩)의 주인공이라는 데에 주저하지 않고 동의했다. 그의 삶이 그
러했다. 꽃은 굳이 분칠을 할 필요가 없다. 향수를 뿌릴 일도 없다.
이미 꽃이고 향기이니 말이다. 꽃이 된 그에게 추천의 글이 누가 된

다는 생각에 많이 주저했던 이유다. 하지만 활짝 핀 꽃에도 작은 퇴비가 필요하리라 여겨 수락하기로 했다.


〈예뜰에 핀 호야꽃〉은 그의 손에 쥐어진 작은 꽃 화분으로 시작해 끝내 자신이 꽃이 된 이야기, 그리고 하늘 별꽃을 피워낸 이야기다. 그의 사역은 유치원에서 시작된다. 아이들에게서 느꼈을 하늘나라 이야기가 참 궁금했다.


봄나들이 떠난 가족들, 꽃들 사이를 웡웡거리며 춤추는 벌을 보고 딸이 소리친다.

"아빠, 벌이다. 벌!"

그때 마침 하늘로 날아가는 벌을 보고 아빠가 말했다.

"너 벌이 어디로 날아간 줄 아니? 꿀 따러 가는 거야 꿀!"

그러자 딸이 대꾸한다.

"아냐. 아빠, 저 벌은 엄마를 찾아가는 거야."


이래서 윌리엄 워즈워스는 자신의 시 '무지개'에서 말한다.

'어린이는 어른의 아버지(The child is father of man)'라고.

그 어린 스승들에게서 얻은 영감과 창조성, 열정이 가정사역이란 넓은 바다로 나아가게 했다. 책에 잘 그려진 대로 멀고 먼 길을 마다않고 2년을 꼬박 배움에 투자했다. 그리고 펼쳐진 무한세상!

신애숙 사모의 초롱초롱한 눈망울, 배움에 대한 호기심, 생명에 대한 긍휼.... 자신을 아낌없이 나누어 주는 나무와 같았다. 남편과 함께하는 공동사역에서 변화된 이들의 글을 보고는 울컥했다. 그 아름다운 고백이 보석처럼 빛났다.

그는 인생 2막이라 했지만 우리 부부가 보기에 은퇴 후 인생 3막이 궁금하기만 하다. 아니 이미 페북에 올리던 제주살이와 남편의 고향 울릉도에서 보낸 〈울릉도 기행〉을 보며 우리는 두 분의 진면목을 보았다.

성경이 이른다.

"너의 왕에게 가서, 참 군인은 갑옷을 입을 때에 자랑하지 아니하고, 갑옷을 벗을 때에 자랑하는 법이라고 일러라."(왕상 20:11 표준새번역)

그 작은 꽃들이 군락(群落)을 이뤄 수많은 발걸음을 끌어당길 것을 생각하면 저절로 미소 짓게 된다. 오늘의 신애숙 사모님이 있기까지 외조의 공을 쌓으신 김기해 목사님께도 응원가를 보낸다.

**—송길원 목사**(하이패밀리 대표), **김향숙 원장**(가정사역 MBA 원장)

이곳 아프리카 선교지에는 코스모스 행렬이 막 지나갔습니다.

그런데 그 꽃 물결은 한국의 초등학교 등교길에서 보았던 그 아스라한 추억 속의 꽃길하고는 사뭇 분위기가 달랐습니다.

고흐의 그림처럼 원색의 분홍색이 섬뜩하도록 강렬하여 보통의 코스모스가 아니라 장미꽃 같은 귀족의 풍모마저 느껴질 정도였습니다.


제가 아는 신애숙 사모님은 코스모스꽃 같은 분이신데 한국의 길가에 핀 가녀린 코스모스가 아니라, 아프리카 픽스버그에 강렬하게 피어 있는 바로 그 코스모스 같은 분이십니다.

요즘 시대에 보기 드문 골동품 같은 우직한 신앙을 가지시고, 소년 같이 단순한 성품이지만 진리라면 타협할 줄 모르는 남편 목사님을 만나 사모로, 유치원 원장으로, 두 아들의 어머니로 35년을 한결같이 하나님 앞에 향기로운 한 송이 꽃처럼 살아오신 신애숙 사모님.


저는 여러 번 진해동부교회에 설교를 하러 갈 기회가 있어 신애숙 사모님을 뵐 수 있었습니다. 또 귀한 두 아들 장호, 지호를 잠시 저희 선교지에서 돌볼 수 있는 상황이 되어 더욱 두 분을 가까이에서 뵙고 사귐을 가질 축복을 누릴 수 있었습니다.

두 분을 오래 지켜본 저의 소감은 그 가정의 가훈을 그대로 실천하시는 분들이시다 하는 것입니다. 정직, 성실, 겸손... 거기에 욕심이 없이 하나님을 섬기시는 모습이 또한 오버랩됩니다.

하나님이 눈에 넣으셔도 안 아플 그런 분들입니다. 그런 하나님의 사람들의 인생 간증이 이 책에 석류알처럼 담겨져 있습니다.

아무쪼록 이 책을 읽는 모든 분들이 김기해 목사님과 신애숙 사모님의 영성의 향기에 흠뻑 젖어 드는 축복을 누리시기를 바랍니다.

**– 노록수 선교사**(남부아프리카 픽스버그 선교사)

하나님께서 주신 꿈을 마음에 품고,
그 꿈을 좇아 믿음으로 살아온 현숙한 여인의 고백과 찬양

이 책에는 저자인 신애숙 사모님의 어린 시절 이야기에서부터 성장 과정, 주님과 동행하며 믿음으로 살아온 지날 날에 대한 감사의 고백과 찬양이 담겨 있습니다. 주님 앞에서의 고백이기에 꾸밈없는 진솔한 이야기가 담겨 있고, 주님께 드리는 찬양이기에 감사와 기쁨이 곳곳에 녹아 있습니다. 그래서 이 책은 저자의 자서전이자 신앙 고백록과 같습니다.

저자는 어린 시절부터 하나님께서 주신 꿈을 간직하며 살았고, 신실하신 주님께서는 그 꿈을 하나씩 이뤄 주셨습니다. 37년 전 김기해 목사님과의 결혼으로 시작된 아내이면서 사모로 걸어온 길, 훌륭한 두 아들을 믿음으로 키운 어머니의 삶은 고난과 위기도 있었지만 주님의 은혜는 훨씬 더 크고 놀라웠습니다. 그 외에도 사모님은 교회 안의 여러 사역에 헌신적인 섬김과 열정으로 충성을 다하며 달려왔습니다. 특히 저자는 넉넉하지 않은 살림에도 늘 부모를 공경하고, 형제 사랑을 삶 가운데 실천하였습니다. 이러한 저자의 삶의 여정 가운데 주님은 참으로 오묘하고도 이루 다 헤아릴 수 없는 섭리로 인도하셨고, 아름다운 열매들을 많이 맺게 하셨

습니다.

어린 시절 하나님께서 주신 꿈을 품고, 그 꿈을 좇아 살아온 저자는 은퇴 이후에도 하나님께서 주신 새로운 꿈을 향해 발걸음을 내디뎠습니다. 계속해서 꿈을 품고 믿음으로 걸어가는 저자의 그 발걸음마다 주께서 동행하시고, 새로운 생명의 역사를 만들어 가실 것을 주님의 이름으로 축복합니다.

독자들은 이 책을 다 읽고 마지막 책장을 덮고 나면 잠언에 나오는 한 여인을 만났음을 고백하게 될 것입니다.

"누가 현숙한 여인을 찾아 얻겠느냐 그의 값은 진주보다 더하니라"(잠 31:10)

— 박종윤목사(진해동부교회 담임목사)

작은 거인 신애숙 사모님!


　삶의 발자취를 따라가고픈 선배 사모님을 만난 것은 내 인생의 큰 행운이자 축복이었다. 사모님을 알게 될수록 '작은 거인'이라는 말이 딱 어울린다는 생각이 들어 내가 붙여준 별칭이다. 작은 체구지만 어디서 그런 열정과 인내, 의지가 솟아나는 것인지...

　동안과 동심의 모습과 더불어 어른의 지혜와 삶의 향기가 있어 가까이 의지했다. 후배 사모에게 기댈 나무가 되어 주시는, 작은 거인 사모님이셨다.


　푸드테라피 강의차 진해동부교회를 처음 갔을 때, 이른 아침 김기해 목사님께서 손수 차려주시는 황송한 아침밥상을 잊을 수 없다. 평생 아내를 모델 삼아 사진 찍어주셨던 것처럼, 나에게도 기꺼이 일일 사진작가로 동행하시며, 추억의 사진첩도 만들어 주셨다.


　목회 당시 사랑관 301호뿐 아니라 은퇴 후에도 나그네를 위한 방, 로뎀나무를 준비해 놓으셨다. 사역에 지친 목회자나 선교사를 위한 방이라 하셨다. 두 분은 평생 섬김의 삶을 몸소 실천하셨다. 벚꽃이 만발한 예뜰에서 한층 업그레이드된 김기해 목사님표 아침밥상을 다시 마주했다. 향이 좋은 아메리카노와 함께 목사님의 피아노 연주로 예뜰은 예수님의 뜨락, 그 자체였다. 은퇴 후 더 빛나는 두 분의 모습은 우리 부부의 미래를 꿈꾸게 했다.

〈예뜰에 핀 호야꽃〉은 그동안 두 분이 진해동부교회를 30년간 섬기시며 동역한 삶의 이야기이자, 앞으로 피워낼 이야기이다. 이 책은 현장에서 뛰고 있는 수많은 후배 목회자들에게 어떤 자세로 목회를 해야 하는지, 설교를 삶으로 보여주신 책이다.

특히 신애숙 사모님은 교회의 많은 가정들을 치유하는 가정사역자로, 유아교육부터 노인대학에 이르기까지 혼신을 다해 섬기셨다. 이 책은 하나님께서 작지만 연약한 사모님을 어떻게 사용하셨는지, 끝내 별꽃을 피우게 하신 삶의 여정이 담겨있다. 그 여정마다 영혼을 사랑하는 예수님의 마음, 겸손과 온유, 열정의 삶의 자세를 배우게 될 것이다.

1인 다역으로 때로는 홀로 숨죽이며, 평생 무거운 책임감의 짐을 지고 살아오신 신애숙 사모님! 지금도 가끔 소화가 안되는 모습을 뵐 때면 마음 한 켠이 아파온다. 메마른 손가락 마디마다 예수님의 흔적을 지니시고, 그 흔적이 우리 모두의 흔적이 되어 마지막 주님 품에 안겨 함께 춤추는 그날을 기대한다.

코로나로 힘들고 지친, 낙심한 이 시대를 살아가는 크리스찬들과 특히 목회자 부부와 은퇴 이후의 삶을 준비하는 모든 이들에게 약한 나로 강하게, 가난한 나를 부요케 하신, 오직 '주님 은혜'로 살아내신 신애숙 사모님의 끝나지 않은 삶의 스토리, 〈예뜰에 핀 호야꽃〉을 적극 추천드린다.

– **김혜경 사모**(에벤에셀교회, 펀펀힐링센터 대표)

아내와 나는 동갑내기로 전도사 시절 교회 집사님의 중매로 만나 스물일곱의 나이에 결혼했다. 그때부터 지금까지 37년을 살아오면서 한 번도 서로 떨어져 본 적이 없으니 여기에 기록된 아내의 이야기는 곧 나의 삶의 일부이기도 하다.

아내는 체질적으로 작은 키에 몸이 아주 연약하다. 큰 질병이 있는 것은 아니지만 음식을 마음껏 먹지 못하고, 조금만 먹어도 잘 체한다. 그래서 아내의 손과 발은 비쩍 마른 강아지풀처럼 언제나 가날프다. 하나님은 그런 아내를 강하게 하셨고 멋지게 사용하셨다.

아내는 내 목회의 소중한 동역자로서 나보다 훨씬 많은 일을 했다. 나는 목회 한 가지만 해내기도 힘들었는데 아내는 그 몸으로 다섯, 여섯 가지의 사역을 거뜬히 감당했다.

하나님은 아내에게 연약한 몸 대신에 강한 의지력을 주셨다. 무슨 일이든 한번 시작한 일은 끝까지 해내고 만다.

매사에 의지박약형인 내가 진해동부교회에서 30년의 목회사역을 무사히 마칠 수 있었던 것도 돌아보면 첫째는 하나님의 은혜요, 둘째는 돕는 배필로서의 아내의 역할이 컸기 때문이다.

하나님은 아내에게 좋은 기억력을 주셨다. 어린 시절에 배운 동요나 가곡의 가사를 지금도 정확하게 기억하고 있을 정도이다. 나도 지나온 내 삶의 여정을 글로 쓰고 싶지만 내 기억력의 수준에는 한계가 있다. 자세히 생각나는 게 별로 없다. 하지만 아내의 머리 속에는 우리 부부가 걸어온 삶과 사역의 내용이 고스란히 담겨 있다.

이 책에 기록된 아내의 이야기 속에 나도 있기에 이 책은 곧 나의 책이기도 하다.


내 아내 신애숙은 이 땅에서 유일한 내 친구이자 목회의 동역자였다. 긴 세월 맡겨진 사역 다 마치고 둘이 함께 일선에서 은퇴한 지 2년이 지났다.

지난 날을 돌아보면 하나님께 감사한 일뿐이고, 앞날을 내다보면 기뻐할 것밖에 없다. 요즈음, 하루하루 주님 안에서 행복해하는 아내를 보는 것이 곧 나의 행복이다.


– 김기해 목사(진해동부교회 원로목사)

# 차례

# 프롤로그

"내 생각보다 크신 하나님의 생각"

남편 김기해 목사가 40년 목회사역을 마치고 은퇴를 했다. 남편의 은퇴와 함께 나도 그동안 맡았던 모든 사역을 내려놓았다. 은퇴후에 우리 부부는 석 달 가까이 제주도와 울릉도를 여행하며 몸도 마음도 힐링하는 시간을 가졌다. 여행을 다니며 가장 많이 했던 생각은 '은혜와 감사'였다. 지나온 모든 시간이 감사했고 오늘, 여기까지! 인도하신 하나님의 은혜가 너무도 크고 놀라웠다.

여행에서의 쉼이 끝난 후에 나의 앞에는 시간과 자유가 주어졌다. 몸도 마음도 편안해지니 지금까지 내가 걸어온 발자취를 하나하나 떠올려보게 되었다. 어릴 때부터 나는 되고 싶은 것이 많았다. 피아니스트도, 발레리나도, 여자 목사도, 사모도, 유치원 원장도 되고 싶었다. 그러다 청년이 되면서 현실에 점점 눈뜨게 되자 어릴 때의 꿈은 다 사라져버리고 막연한 불안감에 쌓였다. 그 당시 청년부에서는 '주님 내길 예비하시니 나 기뻐합니다' 라는 찬양을 자주 불렀는데 찬양을 하면서도 '주님께서 정말 내 길을 예비하셨을까? 나는 앞으로 어떤 삶을 살게 될까? 어떤 사람과 결혼하게 될까?' 라는 생각들로 마음이 복잡했다.

그런 나의 믿음 없음에도 불구하고 주님께서는 이미 예정하신 대로 나를 사모로 불러주셨다. 사모가 된 나는 진해동부교회에서 유치원 원장, 유치부 부장, 노인대학 교수, 가정사역원 원장으로 교회에서 많은 사역을 맡게 되었다. 때로는 내 짐이 너무 무겁다고 주님께 하소연할 때도 있었지만 하나님께서 힘을 주셔서 은퇴할 때까지 잘 감당할 수 있었다.

돌아보니 지금까지 살아오는 동안 주님께서는 내가 어릴 때부터 되고 싶었던 그 모든 꿈을 다 이루어주셨다. 유치원 교사가 되었을 때 나는 어린아이들 앞에서 피아노를 치고 노래를 부르는 멋진 피아니스트가 되어 있었고, 발표회 연습으로 아이들과 함께 발레를 할 때는 이미 발레리나도 되어 있었다. 사모로 부르셨고 유치원 원장도 되게 하셨고 유치원과 유치부에서 어린이들에게 하나님의 말씀을 전하고 노인대학에서 어르신들께 복음을 전할 때는 목사님 부럽지 않은 말씀 사역자로도 사용해 주셨다. 이 얼마나 놀라운 일인가!

이 책은 지금까지 나의 인생을 인도해 주시고 앞으로도 함께 해주실 하나님의 은혜에 대한 고백이다. 책으로 낼 만큼 뛰어나거나 특별한 것도 없는 내용이지만 이 세상에 단 하나밖에 없는 나의 인생에서 특별하게 역사하신 하나님의 은혜를 함께 나누고 싶어 용기를 냈다. 이제까지 1막의 인생을 달려왔고 다시 2막의 인생을 준비하며 나를 돌아보고 싶었다.

1부는 상처받고 아팠던 어린 시절, 그런 중에도 마음속으로 꿈을 품고 자랄 수 있었던 하나님의 계획과 인도하심에 대한 기록이다.

2부에서는 하나님의 강권적인 인도하심으로 사모가 되고 1인 6역의 사모로서 여러 힘들었던 일들과 감사한 일들과 사역에 대해 기록했다. 다양한 가정사역 현장도 돌아보았다.

3부에서는 긴 세월 남편의 목회를 도우며 바라본, 남편의 모습 너머 하나님의 종으로 수고한 목회자 김기해 목사에 대해 생각해 보았다. 동역자로 살아온 삶을 지나 앞으로 허락하신 삶 동안 좋은 동반자로 살아가길 소망하며...

4부에서는 유치원 원장으로서의 사역을 되돌아보고, 자녀교육에 대해 생각해 보았다. 자녀교육의 정답은 없지만 어린 자녀들을 양육하는 부모들에게 도움이 되길 바란다.

5부는 은퇴 후 잠시 제주와 울릉도를 여행했던 이야기를 담았다. 목회할 때는 꿈도 꾸지 못한 일을 하나님은 준비해 주셨다. 2막의 인생을 준비하며 앞날을 바라보는 현재에 대한 기록을 담았다.

사람이 마음으로 자기의 길을 계획할지라도 그의 걸음을 인도하시는 이는 여호와시니라 (잠언 16:9)

지난 세월을 돌아보니 내가 마음으로 계획했던 나의 길보다 하나님이 인도하신 길을 걸어온 나의 인생이 더욱 더 크고 놀라운 삶이었음을 고백하지 않을 수 없다.

지금까지 나의 꿈을 다 이루어주시고 한없이 약한 나를 들어서 강하게 사용해주신 하나님께 감사와 영광을 올려 드린다. 인내와 지혜의 삶으로 오늘의 내가 있기까지 인생의 기초를 놓아주신 나의 어머니께 감사드린다.

35년간 나의 가장 든든한 후원자로서 내가 맡은 사역을 잘 감당할 수 있도록 늘 힘이 되어준 사랑하는 나의 남편 김기해 목사께 감사드린다. 나를 엄마로 만들어주고 이제는 장성하여 세상에서 자기의 몫을 잘 감당하며 부모의 기쁨이 되는 두 아들 장호와 지호에게 감사의 마음을 전한다.

지난 30년간 나의 부족함과 연약함을 잘 참아주시고 함께 울고 함께 웃었던 사랑하는 진해동부교회의 모든 성도들께 감사드린다. 마지막으로 이 책을 쓸 수 있도록 용기를 주시고 격려하고 지도해주신 김혜경 사모님께 감사드린다.

# 1부
# 다섯 빛깔 나의 꿈

# 1. 내가 정신과 상담이 필요한 사람이라니!

나는 어린 시절의 상처가 해결되지 않은 채 결혼을 했다. 내면의 아이가 울고 있는데 결혼생활을 통해 계속 상처가 더해졌다. 그 상처를 돌아볼 여유도 없이 여러 가지 역할의 옷을 입고 그 위에 사모라는 무거운 옷을 덧입고 살아왔다. 많이 무겁고 많이 아팠다. 아파도 아프다는 말을 하지 못 하고 계속 달려왔다.

그러던 어느 날, 온몸의 힘이 빠지고 정신이 혼미해지면서 바닥에 쓰러졌다. 원래부터 약한 몸이었는데 결혼하고 유치원 일과 사모의 삶을 감당하기에 너무 버거웠는지 소화가 잘되지 않았다. 먹으면 쉽게 체하고 그 상태로 며칠씩 갔다. 거의 체한 상태로 살다 보니 체력이 떨어질 대로 떨어지고 몸무게가 36kg까지 빠지게 되었다.

"당신 이러다가는 큰일 날 것 같으니 병원에 입원해서 종합검사를 해 봅시다."

걱정스레 말하는 남편의 권유로 K대학병원에 입원을 하게 됐다. 일주일간 입원해서 여러 가지 검사와 함께 링거를 맞으며 건강을 추슬렀다. 교회에는 일절 알리지 않고 혼자 입원했다.

아이들이 초등학생 때라 남편은 집에서 아이들 챙겨 학교 보내고, 교회 일에 바빠 거의 오지 못했다. 8인실 병실에 보호자가 없는 사람은 나 혼자였다. 아무에게도 내가 사모라는 사실을 말하지 않았다. 내가 누군지 모르는 사람들 속에서 자고 싶으면 자고 말 안하고 싶으면 아무하고도 말하지 않고, 조용히 생각하고 책도 읽으며 혼자만의 시간을 가질 수 있어서 너무 편했다.

이틀간의 검사가 끝나고 결과가 나왔을 때 담당의사와 상담을 하게 됐다.

"검사결과들은 다 양호합니다. 위내시경 결과 위장에도 아무 이상이 없습니다. 오히려 위장이 정말 깨끗합니다."

"교수님, 그런데 왜 이렇게 소화가 안 될까요? 먹으면 계속 체하니 속이 너무 불편해서 많이 힘들어요."

나의 하소연에 담당의사는

"아무래도 신경성인 것 같습니다. 교회에서 사모님의 자리가 쉽지 않을텐데 정신적인 부담과 스트레스로 인해 그런 것 같으니 정신과 상담을 받아보시는 게 좋겠습니다."

순간 나는 깜짝 놀랐다. '내가 정신과 상담이 필요한 사람이라니!' 그 당시만 해도 정신과 상담을 받을 정도면 심각한 정신장애가 있는 사람들이라고 생각했을 때였으니 무척 당황스러웠다.

"교수님, 위장에는 아무 이상이 없다 하시니 일단 퇴원을 한 후에 생각해 보겠습니다."

그렇게 그 자리를 모면한 후 남편에게 전화를 했다.

"여보, 나 검사결과 아무 이상이 없다 하니 퇴원을 해야겠어요. 퇴원해서 어머니 집에서 좀 쉬었다 갈게요. 병원으로 와서 나 엄마 집으로 좀 데려다줘요."

그때까지만 해도 나는 내게 주어진 일은 반드시 내가 해야 하고 내가 없으면 안된다고 생각했다. 아이들에게도 엄마가 없으면 안되고 남편에게도 아내가 없으면 안되며 교회에서도 내가 맡은 일들을 남에게 맡길 수 없다고 생각했다. 하지만 일주일간 입원해 있어 보니 내가 없어도 모든 일들이 잘 돌아갔다. 정작 나는 정신과 상담을 권유받는 사람이 되어 있었다. 먼저 나 자신의 문제를 풀어야 했다.

친정에 가서 어머니가 해주시는 밥을 먹고 어머니와 단둘이 시간을 가지며 나의 문제에 직면하는 시간을 가지고 싶었다. 친정에서 일주일간 머물며 몸을 추스른 후 기도원으로 갔다. 강원도 동해의 작은 기도원에서 성경 읽고 기도하고 하염없이 바다를 바라보며 파도소리를 들으며 지나온 삶을 조용히 돌아보는 시간을 가졌다.

계속 성경을 읽는 중에 이사야서를 읽을 때에 갑자기 눈물이 터져 나왔다.

'야곱아 너를 창조하신 여호와께서 지금 말씀하시느니라. 이스라엘아 너를 지으신 이가 말씀하시느니라. 너는 두려워하지 말라. 내가 너를 구속하였고, 내가 너를 지명하여 불렀나니 너는 내 것이라. 네가 물 가운데로 지날 때에 내가 너와 함께 할 것이라. 강을 건널 때에 물이 너를 침몰하지 못 할 것이며 네가 불 가운데로 지날 때에 타지도 아니할 것이요, 불꽃이 너를 사르지도 못하리니 대저 나는 여호와 네 하나님이요 이스라엘의 거룩한 이요 네 구원자임이라'

'내가 너를 지명하여 불렀나니 너는 내 것이라'는 말씀에 나는 엉엉 울었다. 그동안 힘들었던 모든 일을 나 혼자 감당해 왔다고 생각했다. 그런데 하나님께서 나를 지명하여 불렀다 하시고 너는 내 것이라는 말씀이 정말 마음에 큰 위로가 되었다.

'그래, 나는 주님의 것이지. 이렇게 약하고 보잘 것 없는 나같은 사람을 하나님께서 불러주셨고 사모로 세워주셨지' 그런 생각을 하니 그동안 혼자 짊어지고 힘들어했던 모든 것들이 사라지고 평안이 찾아왔다.

그 자리에서 몇 시간 동안 울면서 기도했다. 내가 어디로 가든지 주님이 나와 함께 하신다는 말씀, 내가 강을 건널 때 물이 나를 침몰치 못하고 불 가운데로 지날 때도 타지 않도록 나를 지켜주신다는 말씀 이제는 절대 잊지 않겠다고, 주님 손 꼭 잡고, 주신 사명 잘 감당하겠다고 기도했다.

> 내가 하늘에 올라갈지라도 거기 계시며 스올에 내 자리를
> 펼지라도 거기 계시니이다 내가 새벽 날개를 치며 바다 끝에 가서
> 거주할지라도 거기서도 주의 손이 나를 인도하시며 주의 오른손이
> 나를 붙드시리이다 (시편 139:8~10)

## 2. 눈물 많았던 어린 시절

내가 어렸을 적에 어머니는 문구점을 운영하셨다. 4남매를 연년생으로 키우시려니 앞으로 자녀들을 다 공부시키려면 돈을 벌어야 한다고 생각하셨던 게다.

아버지는 정유회사의 유조차를 운전하시는 일로 돈을 많이 버셨지만 술친구들에게 쓰고, 여자들에게 쓰느라 집으로 가져오는 돈은 거의 없었다. 아버지는 종종 바람을 피웠는데 거의 지나가는 바람이었지만, 한 여자에게는 아주 제대로 빠지셨다. 집에도 잘 안 들어오시더니 어느 날 그 여자와 함께 서울로 달아나버리셨다.

두어 달이 지난 후에 가지고 간 돈을 다 써버리고 집으로 돌아오셨다. 그냥 오기가 미안했던지 선물을 잔뜩 사 가지고 오셨다. 그 시절에는 거의 사 먹기 힘들었던 초콜릿과 드롭프스 사탕과 레고블럭도 사오셨다. 우리 4남매는 선물상자를 뜯어보고 환호성을 질렀다. 초콜릿과 사탕을 먹으며 재미있게 레고놀이를 하고 있는데 어머니는 옆에서 울고 계셨다.

아버지는 다시는 그런 일이 없을 거라고 어머니에게 싹싹 빌고 다짐을 하고 각서도 쓰셨다. 며칠 후 아버지는 새 출발을 하겠다는 표시로 아이들과 함께 시간을 보내겠다며 우리 4남매를 영화관으로 데리고 가셨다. 어린이 만화영화를 보고 기분이 좋아진 우리들에게 아버지는 영화관 앞에서 파는 먹거리를 사주시며
"너희들 여기서 잠깐 기다려라. 다른 데 가면 안돼."
하시고는 조금 떨어진 곳에 있는 공중전화 부스로 들어가셨다.

다른 형제들은 아버지 말씀대로 맛있는 거 먹으며 그 자리에 있었는데 나는 가만히 아버지 뒤를 따라갔다. 공중전화 부스로 들어가신 아버지는 누군가와 통화를 하셨는데 내 귀에 들린 또렷한 한 마디!

"○○야, 보고싶다..."

나는 어렸지만 아버지가 아직도 바람을 피우고 있다는 것을 알아차렸다.


집에 가자마자 이 사실을 어머니께 다 일렀다. 어머니는 이런 남편을 정신 차리게 하려면 극단적인 방법이 필요하다는 생각을 하셨던 것 같았다. 어느 날 자고 일어났더니 어머니가 안계셨다.

"언니야, 엄마는?"

그 당시에 열 두어 살 많은 이종사촌 언니가 어머니를 돕기 위해 함께 살고 있었다. 언니는 어머니도 잘 도와드리고 우리에게는 친구 같았다.


"너거 아부지가 자꾸 바람을 피워서 엄마는 도망갔다. 이제 너거는 엄마 없이 살아야 된다."

그 말을 듣자마자 우리 4남매는 큰소리로 울기 시작했다. 마침 그 날이 겨울방학 중 내가 당번으로 학교에 가야 하는 날이었다. 아침도 먹지 않고 찬바람이 몰아치는 길을 20분을 걸어가면서 소리 없이 울었다. 눈물이 뺨에 얼어붙어서 얼굴이 따갑고 가려웠다.

어머니는 이종사촌 언니와 짜고 지인의 집에서 일주일간 계셨다. 백방으로 어머니를 찾아다니는 아버지와 매일 눈물바람인 자식들의 소식을 들은 어머니는 다시 돌아오셨다. 그 후 아버지의 바람은 끝났지만 그때부터 우리가 본 아버지의 모습은 늘 술에 취해있는 모습이었다. 학교 마치고 집에 가면 술에 취해 주무시는 아버지의 모습, 늦은 밤 술에 잔뜩 취한 채 들어와서 잠자고 있는 식구들을 다 깨워서 술이 깰 때까지 계속 계속 이야기하는 아버지...

그런 아버지로 인해 자녀들의 양육과 교육은 자연히 어머니 혼자 떠맡으셔야 했다. 어머니는 우리 4남매를 아주 엄하게 키우셨는데 칭찬이나 지지보다는 야단치고 혼내는 일이 다반사였다. 언니와 말다툼이라도 나서 싸우면 어머니는
"니는 작은 기 꼭 언니한테 이겨먹으려 하노?"
하고 혼내시고 동생하고 싸우면
"큰 기 더하다."
하면서 내 머리를 쥐어박으셨다. 그렇게 어머니께 혼이 나면 이불을 뒤집어쓰고 소리 없이 눈물을 흘리며 속울음을 울었다.

'언니는 첫딸이니까 좋아하고 큰 동생은 장남이니까 좋아하고 작은 동생은 막내라고 좋아하고 중간에 낀 나는 아무런 좋아할 건덕지가 없네. 나는 이 집에서 필요 없는 존재야.' 하고 생각했다. 어린 시절의 나는 자존감도 낮고 자신감도 없고 늘 우울하고 슬펐다.

지금도 가끔 어린 시절을 떠올리면 슬프고 자신감 없고, 이불 속에서 혼자 울고 있는 작고 어린 애숙이가 있다. 나는 어린 나를 가만히 안아주며 '애숙아, 많이 슬프고 힘들었지? 괜찮아. 그때도 주님이 함께 계셨어. 네가 잘 알지 못했어도 주님이 네 손 잡고 너를 안아주고 계셨어.' 하고 토닥여준다.

동해기도원에서 기도하는 중에 하나님께서는 너는 내 것이라는 말씀으로 나의 자존감을 회복시켜 주셨고 아버지와 어머니를 이해할 수 있는 마음을 주셨다.

아버지... 일곱 살에 어머니를 여의고 새엄마 밑에서 온갖 구박을 받으며 자랐던 우리 아버지는 얼마나 외로우셨을까! 술을 안 마셨을 땐 세상 좋은 사람이었던 아버지, 술이 취해도 결코 난폭하거나 소리 한 번 지르지 않았던 아버지였는데... 결국 술로 인해 간암으로 64세에 돌아가신 아버지! 나는 아버지가 정말 불쌍한 생각이

들었다.

어머니... 술과 여자에 빠져있는 남편을 지아비로 섬기면서도 연년생인 4남매를 양육하시느라 얼마나 힘드셨을까! 어머니의 신앙과 삶의 희생이 있었기에 오늘의 내가 있게 되었으니 참 고마운 우리 엄마다.

아버지의 아픔과 상처, 어머니의 삶의 무게를 생각하니 그제야 그분들이 이해가 되고 그때부터 내 어린 시절의 상처가 조금씩 사라지기 시작했다. 하나님께서 내 마음을 어루만져주시고 나의 깊은 아픔을 치유해 주셨다.

> 내가 주께 감사하옴은 나를 지으심이 심히 기묘하심이라 주께서 하시는 일이 기이함을 내 영혼이 잘 아나이다 (시편 139:14)

## 3. 꿈꾸는 건 돈 안 드니까

초등학교에 다닐 때 언니는 피아노가 너무 치고 싶어서 방바닥에다 색연필로 건반을 그려놓고 손가락으로 치는 놀이를 하고 놀았다. 그 모습을 본 어머니는 언니를 피아노 개인교습 하는 곳으로 데리고 가서 등록을 시켰다.

나도 피아노를 배우고 싶었지만 경제적으로 힘든 어머니의 사정을 잘 알고 있었기 때문에 나까지 피아노를 배워달라고 할 수가 없었다. 피아노를 배우고 와서 방바닥에 그려진 건반 위에 열심히 연습하는 언니를 보며 나도 언젠가 피아노를 배워서 피아니스트가 되고 싶다는 꿈을 가만히 품게 되었다.

성탄절이 가까워지던 어느 날 교회 선생님께서 성탄절 발표회 준비를 위해 학년별로 모아서 연습을 시키셨다. 우리는 성경암송을 준비하며 각자 자기가 맡은 구절을 열심히 외우고 있는데, 무대에서 한 여자아이가 예쁜 발레복을 입고 발레연습을 하는 모습을 보게 되었다.

그때 처음 본 발레복이 얼마나 예뻤던지 한참을 쳐다보았다. 그러면서 나도 저런 예쁜 발레복을 입고 발끝으로 서서 빙빙 돌며 멋있게 발레를 하는 발레리나가 되고 싶다는 또 다른 꿈을 품게 되었다. 꿈은 꿈꾸는 자의 것이라고 했다. 거창한 꿈은 아니지만 어릴 적 먼 발치에서 바라만 본 꿈을 하나님은 놓치지 않고 계셨다.

어린 마음에 피아노를 배울 수 있는 언니도 부러웠고, 예쁜 발레복을 입고 연습하는 교회 친구도 부러웠다. 그저 먼 발치에서 물끄러미 바라만 보았다. 세월이 흘러 나는 잊고 있었지만, 하나님은 어린 나의 꿈과 시선도 일일이 기억하고 계셨다.

하나님만이 아신다는 말씀이 얼마나 위로가 되는지 세월이 지날수록 느낀다. 사모로 살면서 때로는 억울하고 누군가 내 마음을 몰라줘도, 하나님만은 내가 무얼 느끼고 무얼 바라는지 내 작은 신음소리까지 듣고 계신다.

지금 내 자리가 감히 꿈꾸기도 사치스러운 자리인가? 그래도 괜찮다. 꿈꾸는 것은 돈이 들지 않으니까. 때가 되면 하나님은 우리의 막연한 꿈도 다 듣고 응답해 주신다. 피아니스트가 되고 싶었던 꿈도, 발레리나가 되고 싶었던 꿈도 돌아보니 어느새 다 이루어 주셨다.

거창한 공연장이 아니어도 좋다. 어린아이들 앞에서는 피아니스트도 되고, 아름다운 발레리나도 되어 있었다. 어린 친구들은 내 피아노 소리에 맞춰 노래도 불러주었고, 내 몸치 동작에도 경이로운 눈길로 내 손짓, 발짓을 올망똘망 바라봐 주었다.

  이제 나도 33년간 몸담았던 유치원을 떠났다. 숨가쁘게 달려왔던 내 젊은 날의 꿈은 무언가를 성취해야 하고, 늘 어깨는 무거웠고 책임감에 짓눌리기도 했다. 이것이 하나님의 꿈인지 내 욕심인지도 잘 구분되지 않았다.

  지금은 꿈을 꾸기보다 하나님께 시선을 맞추어 가고 있다. 나이가 든다는 것은 이래서 좋은 거구나. 인생의 또 다른 맛과 멋을 누리며 마음의 여유가 생긴다. 조급함을 내려놓고, 내가 이루고 싶었던 젊은 날의 꿈보다 하나님의 꿈이 내 꿈이 되길 기도한다.

  내가 굳이 꿈이라 말하지 않아도 좋다. 작은 마음의 부러움과 소망도 이미 주님은 보시고 '언제 이루어줄까?' 준비하고 기다리신다. 아홉 가지가 부족해도 한 가지 잘한 것으로 칭찬해 주시며 '어떤 선물을 줄까?' 우리를 한없는 사랑의 눈길로 바라보시며 기다려주시는 분이시다.

  하나님 앞에 감출 것도 숨길 것도 없다. 나의 바램과 소망, 부러움과 한숨 소리까지 다 들으시고 기다리고 계신다. 가장 좋은 때에 가장 좋은 방법으로 우리에게 끊임없이 사랑을 베푸시고 선물 주시기를 기다리신다. 그분 앞에 늘 마음을 열고 달려가자.

너희에게는 머리털까지 다 세신 바 되었나니
두려워하지 말라 너희는 많은 참새보다 귀하니라.
(마태복음 10:30~31)


## 4. 하나님도 사람차별 하시나요?


어릴 때부터 부모님과 함께 교회에 다니셨던 어머니는 우리 4남
매도 대여섯 살이 되자 집에서 가까운 범천교회로 보내셨다. 형제
들과 올망졸망 교회에 다니게 된 나는 교회가 무척 좋았다. 설교말
씀도 재미있고 어린이 성가대에서 배우는 찬양도 좋았다. 성가대
연습 마친 후에 친구들과 노는 것도 신났다.

여름성경학교도 즐거웠고 성경시험을 보는 날은 기뻤다. 주일학
교에서 하는 모든 것이 다 좋아서 열심히 교회에 다닌 덕분에 시상
식을 할 때면 항상 1등을 했다. 모든 시상식에서 상을 휩쓸다시피
하다보니 교회에 가는 것이 너무 좋았다.

"난 이 다음에 크면 여자목사가 될거야!"

초등학교 5학년쯤부터 나의 꿈은 목사로 변해 있었다.


그런데 중학생이 되어 학생회 예배에 참석하면서 설교가 너무 어렵고 재미도 없어서 예배에 잘 적응하지 못했다. 그러다가 점점 예배에만 의무적으로 참석하게 되었고 2부 순서나 분반 공부에는 가지 않고 집으로 줄행랑을 쳤다. 그런 나를 유심히 지켜보시던 우리 반 지도교사 선생님이 어느 주일날, 나를 불러서 물어보셨다.


"신애숙, 니 구원의 확신 있나?"

'구원의 확신...?'

10년 가까이 교회에 다녔지만 그런 말은 처음 들었다. 그러나 자존심이 강했던 나는

"구원의 확신이 뭐예요?"

하고 물어보기가 부끄러워서 거짓말을 했다.

"예, 있어요."

"그래? 그럼 됐다. 가봐라."

아마도 선생님은 구원상담을 해주려고 나를 부르신 것 같았는데 확신이 있다고 하니 깜짝 놀라시는 듯했다. 하지만 그 상황에서 어떻게 할 줄 모르셨는지 작은 액자를 선물로 주며 가보라고 하셨다.

그 액자에는 '고난이 없으면 영광이 있을 수 없고 십자가 없이는 구원이 있을 수 없다' 라는 글이 적혀 있었다.

집으로 돌아온 나는 선생님께 거짓말을 한 것에 양심의 가책을 느꼈다. 구원의 확신이 있다고 대답했으니 그것이 뭔지를 알아야겠다고 생각하며 열심히 성경을 읽기 시작했다.

사복음서를 읽으면서 점점 내가 죄인이라는 것을 깨닫게 되었다. 나의 죄를 위해 예수님이 십자가에서 죽으시고 다시 살아나셨고 길이요 진리요 생명이신 예수님을 믿을 때 나도 천국에서 영원히 살게 될 것을 마음으로 받아들였다. 나는 하나님의 자녀가 되었고 구원의 확신을 갖게 되었다.

그때부터 성경이 너무 재미있어서 매일 성경을 20~30장씩 읽으며 말씀에 은혜를 받았다. 다시 교회가 너무 좋아졌다. 매일 학교에 갔다 오면서 교회부터 들러 기도를 하고 집에 갔다. 주일에는 새벽부터 교회에서 살다시피 했다. 중3 때부터 유치부 보조교사를 시작하여 고3 때도 주일학교 교사 사역을 내려놓지 않고 열심히 했다.

그러던 어느 날 고린도전서를 읽다가 '여자는 교회에서 잠잠하라. 그들에게는 말하는 것을 허락함이 없나니 율법에 이른 것같이 오직 복종할 것이요' 라는 구절을 보고 의문이 들었다.

그 다음 주일, 교회에 가서 전도사님께

"전도사님, 바울은 왜 여자는 교회에서 잠잠하라 하고 여자에게 는 말하는 것도 허락하지 않는다고 했어요? 왜 여자에게만 오직 복 종하라고 했나요?"

하고 질문했다. 전도사님께서는

"그 시대에 교회 안에서 여자들의 말로 인해 많은 문제가 일어났 거던. 그런 문제 때문에 사도 바울이 여자들에게 교회에서 잠잠하 라고 했지. 이 말씀에 근거해서인지는 모르지만 우리 교단에서는 여자목사를 안 세우고 있단다."

하고 말씀하셨다.

"네, 여자목사를 안 세운다고요?"

그 말씀을 듣고 나는 엄청 낙심했다. 그때는 내가 말씀을 배우고 자란 고신교단이 내 신앙생활의 표준이었기 때문이다.


"하나님, 하나님도 사람차별 하시나요? 왜 여자는 목사가 되면 안 되나요? 이건 너무 불공평해요."

볼멘 소리로 한참 따지면서 기도하다가

"하나님, 목사가 안되면 사모라도 될래요."

하고 말씀드렸다.

그때부터 내 꿈은 사모가 되는 것이었다. 시시때때로 변해가는 나의 작은 꿈도 하나님은 일일이 기억하고 계셨다.

> 내 형질이 이루어지기 전에 주의 눈이 보셨으며
> 나를 위하여 정한 날이 하루도 되기 전에
> 주의 책에 다 기록이 되었나이다 (시편 139:16)

## 5. 내 생각과 다른 하나님의 계획

나는 어릴 때부터 아이들을 좋아해서 동네 아주머니들이 어린 아기를 데리고 우리집에 놀러 오시면 곧잘 데리고 놀았다. 떼쓰고 울던 아이도 나에게 오면 금방 울음을 그치고 방긋 웃으며 잘 놀곤 했다.

대학입시를 앞둔 고3이 되었을 때 내게는 어떤 대학, 어떤 과를 선택할 것인가의 여지가 없었다. 어머니께서 미리

"니는 아이들을 좋아하니까 교대에 가도록 해라. 동생들이 연년 생으로 따라 올라오니 4년제는 안 된다."

하고 말씀하셨다. 당시에는 교육대학이 2년제 초급대학이었다. 아버지가 집안 경제에 전혀 관심이 없었기 때문에 어머니 혼자 아등바등 벌어서 4남매를 다 4년제 대학에 보내는 것은 힘들다고 생각하셨기 때문이다.

'아들 둘은 결혼하면 가장으로서 가정을 책임져야 하니까 4년제 대학을 보내고 딸 둘은 2년제 초급대학에 보내서 전문직을 가지게 한다.'는 것이 어머니의 생각이었다.

나는 어머니의 뜻에 따라서 부산교대에 지원했다. 그러나 결과

는 낙방이었다. 나름대로 공부를 꽤 잘 했던 나는 자존심에 큰 상처를 입고 이불을 뒤집어쓰고 누워버렸다. '동생들이 줄줄이 올라오니 재수는 절대 안된다.' 는 어머니의 단호한 말씀을 생각하며 교대도 떨어지고 재수도 못 하는 내 앞날에 대한 막막함으로 인해 아무것도 하기 싫어졌다.

며칠 동안 밥도 잘 안 먹고 이불을 뒤집어쓰고 누워있던 어느 날, 어머니께서 방문을 열고 들어오시더니 이불을 확~ 걷어내시며

"일어나서 앉아봐라."

하셨다. 깜짝 놀라서 일어난 내 앞에 어머니가 큰 종이를 하나 방바닥에 딱 놓으시면서

"이거 써라."

"이게 뭔데요?"

"한성여대(현 부산 경성대학) 보육과 원서다."

"싫어요. 나는 한성여대는 가기 싫어요. 차라리 대학에 안갈거예요."

"그래도 대학 2년 다닌 거 하고 안 다닌 거는 차이가 많이 난다. 초급대학이고 집에서 걸어 다닐 수 있으니 됐다아이가. 한성여대는 보육과가 제일 알아주는 학과니까 남 눈 의식하지 말고 그냥 이 학교 가라. 니는 아이들을 좋아하는데 교대에 떨어졌으니 보육과라도 가야지."

절대 안 가겠다며 계속 버티는 내게 어머니는

"지금 당장 내 눈앞에서 원서 써라."

며 버럭 역정을 내셨다. 나는 울면서 원서를 썼고 계속 갈등하다가 접수 마감일에 겨우 원서를 접수했다.


지금 돌아보면 이 모든 것이 나를 '초등학교 교사'가 아닌 '유치원 원장'으로 사용하시려는 하나님의 계획하심이었다는 것을 깨닫는다. 어려운 형편에도 딸의 적성을 살려 초급대학이라도 공부시키려는 우리 어머니의 선견지명과 지혜로운 판단을 사용하신 하나님의 은혜였다.

대학에 다니기 시작한 지 한 달도 안 되어 나는 우리 학교를 정말 좋아하게 되었다. 유아교육학을 전공하기를 참 잘 했다는 생각이 들었다. 모든 과목이 다 재미있고 내 적성에 맞았다. 나와 마음이 맞는 좋은 친구들도 만났다. 그때 친한 친구 둘과 함께

"이담에 우리 셋이서 유치원 하나 차리자. 그래서 니는 유아미술 가르치고 너는 유아체육, 나는 유아음악 가르치자."

"좋아 좋아, 우리 꼭 그렇게 하자!"

친구들과 약속하며 나는 언젠가 유치원 원장이 될 것이라는 꿈도 품게 되었다. 이렇게 내 꿈은 또다시 변했다.

이는 내 생각이 너희의 생각과 다르며 내 길은 너희의 길과
다름이니라 여호와의 말씀이니라 (이사야 55:8)

2부
강권적인 부르심으로

# 1. 넌 사모감이야!

어린 시절 순수한 마음으로 목사가 되고 싶었고, 여자 목사가 안 되면 사모라도 되겠다던 나의 꿈은 나이가 들어 청년이 되자 조금씩 희미해지고 유치원 원장으로 바뀌었다.

그 시절에는 사모님들이 대부분 교회 부엌에서 밥과 반찬도 만들고 큰 일을 척척 해내시는 분들이 많았다. 몸이 약한 나는 그런 것을 보니 사모는 아무나 되는 게 아니라는 생각을 하게 되었다.

사실 나는 주일학교 교사도 하고 성가대와 청년회 등 교회의 모든 일에 열심이었지만 세상에는 재미있는 일들이 많고 즐길 거리도 많다는 것을 조금씩 알아가고 있었다. 목사의 아내인 사모보다는 평신도와 결혼하여 적당히 세상 재미도 보고 교회 봉사도 열심히 하면서 살겠다는 생각을 하게 됐다. 그래서 다시 기도했다.

"하나님, 사모는 제게 안 맞는 거 같아요. 저 그냥 평신도로 교회 잘 섬기고 남편이 장로가 되도록 돕고 헌금도 많이 할게요."

사모가 되겠다던 꿈을 슬그머니 바꿔 헌금을 많이 하겠다는 것으로 하나님과 타협하려고 기도하기 시작했다.

그런데 정작 교회 안에서 같은 청년회 회원들과 이야기를 하면 대화가 잘 안 통해서 답답했고, 교역자들과 대화를 하면 아주 말이 잘 통했다. 교회 일에 열심이 특심인 나를 사모감이라고 생각했는지 집사님들이 소개해서 만나본 사람이 4명이었는데 그중에 3명이 전도사였다.

남편도 그 중의 한 사람으로 고려신학대학원 1학년에 재학 중이었다. 그를 처음 만났을 때 깡마른 몸과 큰 안경을 쓴 샤프한 외모가 영 맘에 들지 않았다. 나는 학교 다닐 때 키가 작아서 늘 앞자리를 면치 못했다. 몸무게도 40kg을 겨우 넘긴 마른 몸이어서 '내 배필이 될 남자는 키가 크고 퉁퉁해야 한다.'고 생각하고 있었기 때문이다.

그런데 대화를 시작하자마자 말이 너무나 잘 통했다. 우리는 첫 만남에서 3시간도 넘게 계속 얘기를 나눴다. 교회 이야기, 신앙생활 이야기, 어린이 사역 이야기 등 몇 시간씩 대화를 해도 지루하지 않았다.

두 번째 만났을 때 왠지 이 사람과 결혼할 것 같은 불안한 예감이 들기 시작했다. 사모가 되기 싫었던 나는 감림산 기도원에 가서 3

일간 금식하며 기도하기 시작했다.

'하나님, 저는 사모가 될 자격이 없습니다. 몸도 약하고 일도 잘못합니다. 주님이 더 잘 아시지요? 저는 사모가 될 수 없습니다.'

이틀간의 금식으로 몸이 너무 힘들고 고통스러워 기도조차 할 수 없어서 방에 누워 마음속으로만 기도했다. 3일째 되는 날, 하나님과 담판을 지어야겠다는 생각이 들었다. 나는 방에서 나와 벌벌 기다시피 하며 언덕 위에 있는 예배당으로 가서 다시 기도하기 시작했다.

"하나님, 저는 사모가 될 수 없습니다. 몸도 약하고 할 줄 아는 것도 없고 일도 잘 못합니다."

하면서 바닥에 엎드리려는데 갑자기 큰 음성이 들렸다.

'네가 하는 것이 아니라 내가 하게 할 것이다. 그 길을 가게 하는 이도 나고, 감당할 힘을 주는 이도 나다.' 하는 그 음성은 귀로 들리는 소리가 아니라 가슴을 팍 치는 듯 마음에 들려왔다.

그 소리를 듣자 나는 충격을 받고 바닥에 엎드렸다. 그러자 눈물이 쏟아져 나왔고 그때부터 눈물 콧물 다 쏟으며 그 동안의 죄를 회개하며 기도하기 시작했다. 그리고는

"주님이 가라시면 가겠습니다. 주님이 하라시면 하겠습니다."

하며 몇 시간 동안 기도하고 또 기도했다.

기도를 마치고 방으로 내려가는 길은 지금까지와는 완전히 다른 새로운 세상으로 바뀌어 있었다. 온몸에 새 힘이 솟아오르며 발걸음이 그렇게 가벼울 수 없었고 화단에 있는 꽃들도 나비도 모든 것이 새롭게 보였다. 조금 전까지만 해도 견디기 힘들었던 몸에 새힘이 솟아오르며 전혀 힘들지 않게 되어서 3일 금식을 기쁘게 잘 마칠 수 있었다.

> 너는 내게 부르짖으라 내가 네가 응답하겠고 네가 알지 못하는 크고 은밀한 일을 네게 보이리라 (예레미야 33:3)

## 2. 황당한 결혼 스토리

기도원에 다녀와서 그를 세 번째 만났을 때

"저는 이제 신대원을 휴학하고 고향 울릉도로 들어가서 건강도 좀 추스르고 쉬었다가 내년에 복학하려 합니다."

하면서 책을 한 권 선물해주고 떠났다. 울릉도로 들어간 그는 여러 번 전화를 했고 통화할 때마다

"신선생님, 울릉도가 정말 좋습니다. 여름에 한 번 놀러오세요."

라고 말했다. 하지만 나는 그 먼 울릉도까지 놀러 갈 생각이 전혀 없었다. 어머니도

"거기가 어디라고 아가씨를 그 먼 길을 오라 하냐? 절대 안된다."

하고 말씀하셨다. 그때 마침 형부가 해외근무로 외국에 나가 계셔서 언니가 친정에 와 있었다. 통화할 때 옆에서 듣고 있던 언니가

"어떤 사람인지 나도 한 번 보고 싶다. 울릉도 구경도 할 겸 놀러 삼아 같이 가보자."

하는 것이었다. 심심한데 놀러 삼아 갔다 오겠다는 언니의 말에 어머니도 허락하셨다.


마침 유치원도 여름방학인데 울릉도 구경 가보자는 언니의 부추김에 4살짜리 조카도 데리고 울릉도로 가는 밤배를 타게 되었다. 그런데 그것이 8시간~10시간이 걸리는 동해의 험한 바다 뱃길을 몰라도 너무 몰랐던 육지 사람들의 무모한 모험이 될 줄이야!

멀미약을 먹은 나는 계속 잠이 와서 비몽사몽 정신을 못 차리는 반면 언니와 조카는 밤새 멀미를 하여 녹초가 되어 있었다. 배에서 내리기도 전에 언니는

"아이고야! 니 이런 촌구석에 시집오면 사람 골병 들겠다. 아예 생각도 하지 말아라."

하는 것이었다. '누가 생각한댔나? 언니가 놀러 가보자 해놓고 선.' 하고 속으로 중얼거렸다.


아침에 도동항에 도착하니 그가 마중 나와서 반가운 얼굴로

"고생하셨습니다. 배멀미는 안했습니까?"

"밤새 멀미를 해서 아직도 속이 울렁울렁해요."

"그러니까 울렁울렁 울릉도지요."

라고 농담을 하는데 이런 험한 뱃길을 통화할 때마다 오라고 한 그가 원망스러워 쳐다보기도 싫었다. 그런데 옆 눈으로 언뜻 보니 그는 3월에 만났을 때보다 더 여위고 깡마른 모습이 아닌가!

나중에 들어보니 처음 만났을 땐 53kg였는데, 고향에 갔더니 마침 교역자가 교회건축을 시작해 놓고 육지로 나간 뒤에 소식이 끊기고 사라져 버렸단다. 몸을 추스르고 쉬려고 고향에 들어간 그는 직접 교회건축에 동참하고 설교까지 떠맡으며 고생을 하여 51kg으로 줄었다고 했다.

우리 둘 다 긴 옷을 입는 계절에 만나서 그땐 그나마 봐 줄만 했는데, 여름이라 짧은 팔을 입으니 더욱 마르게 보여 서로 자기 모습은 모르고 '사람이 어쩜 저렇게 마를 수 있나!' 하고 놀랐다.

그런데 방금 배에서 내려 기진맥진한 우리들을 데리고 그는 다시 작은 배들이 정박해있는 바닷가로 갔다.

"전도사님, 집으로 안 가고 지금 어디 가세요?"

하고 물으니

"아, 지금 집에 가는 길입니다."

하며 배 타는 곳으로 우릴 데리고 가서 이번엔 통통배를 태우는 것이었다. 한 시간을 탕탕거리며 타고 가는데 어린 조카는 무섭다고 내릴 때까지 계속 울어댔다.

집에 도착하니 아버님께서 거실 소파에 앉아계시다가 나를 한 번 쓱 보시더니 고개를 돌리셨다. 반면에 어머님은 반갑게 맞아주시며

"아이고! 여기까지 배 타고 오느라고 고생했어. 피곤할 테니 한숨 자."

하시며 이불을 깔아주셨다. 우리는 밤새 고생하며 너무 지친 나머지 체면이고 뭐고 눕자마자 잠에 빠져들었다.

저녁 식사 후에 그가 이야기 좀 하자며 나를 데리고 밖으로 나갔다.

"우리 아버지는 평생 몸이 약하셨는데 아들까지 몸이 약하니 며느리는 통통한 사람을 보고 싶어 하십니다. 그런데 신선생님이 몸

이 너무 약해서 결혼은 허락하지 않으시네요. 저는 아버지 뜻을 거스를 수 없으니 우리 일은 없었던 걸로 합시다."

'아니! 이게 지금 자기가 할 소린가? 오기 싫다는 사람 오라고 계속 전화할 땐 언제고, 없었던 일로 하자는 말은 내가 먼저 해야 할 말인데 이 사람이 지금!'

속으로 화가 난 나는

"나도 울릉도 길이 이리 험한 줄 알았으면 놀러라도 절대 안 왔을 텐데 와보니 이런 곳에 시집은 절대 못 오겠네요. 우린 하나님 뜻이 아닌 거 같으니 서로 없었던 일로 하는 것이 좋겠어요."

라고 말했다.

알고 보니 그는 나를 결혼 상대자로 자기 부모님께 보여드리고 싶어서 계속 놀러 오라고 했던 것이었다. 그것도 모르고 놀러 삼아 들어갔던 나는 그의 말을 듣자 울릉도 구경이고 뭐고 빨리 집으로 가고 싶었다.

다음날 우리 세 사람은 이른 아침을 먹은 후 다시 통통배 타고 도동항에 가서 8시간 배 타고 포항에 내려 다시 버스 타고 부산으로 갔다.


집으로 돌아온 후 울릉도 사람은 까맣게 잊어버리고 또 다른 전도사를 소개로 만났다. 그런데 석 달 뒤에 그에게서 전화가 왔다.

"신선생님, 저 부산에 왔는데 한 번 만납시다. 지난번에 만났던 그 다방에서 기다릴게요."

하고 일방적으로 말하고 전화를 끊었다. 우리는 이미 다 끝났는데 왜 만나자고 하는 걸까 생각하며 약속장소로 나갔다. 그는 내가 자리에 앉자마자

"우리 결혼합시다."

하는 게 아닌가! 깜짝 놀란 나는

"저는 결혼 안 하고 혼자 살 거예요. 더군다나 몸도 약해서 사모는 더욱 못 하겠구요."

하며 계속 싫다고 하는데도 그는 막무가내였다.


한 달 후엔 아버님 어머님까지 울릉도에서 나오셔서 우리집으로 직접 찾아오셨다. 그리고 어른들끼리 얘기를 나누시고 결혼날짜를 잡으셨다. 나는 어머니께

"어머니, 나 결혼 안 할거예요. 왜 내 의사는 물어보지도 않고 어른들끼리 날짜를 잡고 그래요? 왜 그랬어요?"

하고 물었더니 어머니는

"아이고 야야~ 울릉도에서 그 먼 뱃길을 지나 우리집까지 오셔서 결혼날짜 잡자고 하시는데 내가 도저히 거절을 못하겠더라."

그렇게 나는 내 의사와는 상관없이 끌려가다시피 결혼을 하

게 되었다.

결혼하고 한참이 지난 후에 남편에게 물어봤다.

"아버님이 몸이 약하다고 반대하셔서 결혼 못 하겠다 해놓고 왜 다시 결혼하자고 했어요?"

"당신을 소개해 준 집사님이 사모감으로 정말 좋은 사람이라는 말씀을 많이 하셨거던. 그래서 내가 아버지를 설득했지. 몸이 약해도 사모감으로 좋다고 하니 결혼하고 싶다고 했더니 아버지가 니 알아서 해라 하셨지."

돌아보니, 그 시절에도 연애결혼을 하는 사람들이 많았는데 나의 결혼 스토리는 정말 황당한 이야기다. 하나님의 강권적인 부르심으로 결혼하게 되었고 사모가 되어버렸다. 하지만 이 모든 것이 내 생각보다 크고 내 뜻보다 놀라우신 하나님의 계획과 인도하심이었고, 많은 고통과 시련이 있었지만 그것이 훨씬 더 놀라운 축복이었음을 이제야 깨닫는다.

> 이는 하늘이 땅보다 높음 같이 내 길은 너희의 길보다 높으며
> 내 생각은 너희의 생각보다 높음이니라 (이사야 55:9)

## 3. 1인 6역 개척교회 사모

결혼하면서 남편은 방 세 개가 있는 27평짜리 아파트의 문간방 한 칸을 신혼집이 아닌 신혼방으로 구했다. 주택은 겨울에 춥고 아파트가 따뜻하다는 남편의 생각으로 결정하게 된 것이다.

그 작은 방에 내가 쓰던 작은 장롱 한 짝, 남편이 쓰던 책꽂이 두 개, 길다란 상에 앵글로 다리를 만들어 붙인 책상이 신혼방 가구의 전부였다. 다용도실인 뒷 베란다에 싱크대 한 짝 놓고 가스렌지를 연결하여 부엌으로 사용했다.

작은 아파트에 두 가구가 살게 되면서 여러 가지 불편한 점이 많이 있었다. 가장 불편하고 힘들었던 것은 집주인 아저씨가 신문을 들고 화장실에 들어가시면 그 신문을 다 읽을 때까지는 화장실 문이 열리지 않는다는 것이었다.

매일 아침 정해진 시간에 출근해야 했던 나는 화장실 앞에서 발을 동동 구르며 기다리다 결국 해결을 못 하고 출근을 했다. 그런 일이 반복되다 보니 심한 변비에 걸려 거의 일주일에 한 번 큰일을 치루듯 고통스럽게 볼일을 보곤 했다.

나는 6년째 유치원 교사를 하고 있었는데 그 당시 유치원은 교재나 교구 자료도 빈약했고 교사 대 아동 비율이 1대 40이나 되는 열악한 상황이라 많이 힘들었다. 그래서 결혼을 하면 사직하고 요리와 살림 사는 법을 배워야지 생각했다. 하지만 내 생각과는 달리 남편의 신학대학원 공부를 시키기 위해서는 직장생활을 계속할 수밖에 없었다.

남편은 신대원 2학년으로 복학하고 여수 충무동교회 전도사로 사역했다. 금요일에 여수로 가서 주일 사역하고 월요일에 부산으로 돌아왔다. 그런데 전도사 사례가 너무 적어서 나의 월급으로 2년간 남편 공부를 시켜야 할 형편이었다.

하지만 결혼하고 1년 만에 첫 아이를 출산하게 되었고 어쩔 수 없이 유치원 교사를 사직하게 되었다. 그 즈음에 내가 근무했던 노엘 유치원 원장님께서

"신선생님, 우리가 개척한 교회에 담임목사님이 갑자기 이동하셨는데 신선생님 남편이 우리 교회로 좀 와주시면 안 되겠습니까?"

하고 물어오셨다. 남편은 기꺼이 가겠다고 했다.

그렇게 안락제일교회 전도사로 부임하게 되었다. 남편이 50여 명의 성도가 있는 개척교회의 전도사 사역을 시작하게 되자 나도 사모로서의 사역이 시작되었다.

남편은 신대원에 다니면서 주일 오전예배, 학생회예배, 저녁예배, 수요예배 설교와 금요철야기도와 매일 새벽기도 설교까지 했다. 나도 주일이면 새벽기도부터 시작해서 9시에 유치부 교사와 2시에 학생회 교사를 하며 저녁예배까지 마치고 나면 파김치가 되었다.

백일 지난 첫 아이를 업고 우유를 두 통씩 타가지고 데리고 다녔으니 아이도 나도 힘들긴 마찬가지였다.

주일사역도 힘들었지만 제일 어려웠던 것은 새벽기도였다. 새벽에 곤히 잠들어 있는 아기를 업으면 깰까 싶어서 잠자게 두고 갔다가 설교 마치자마자 바쁘게 집에 갔다. 그 사이 아이는 깨서 혼자 울고 있을 때가 몇 번 있었다. 할 수 없이 잠자고 있는 아이를 업고 새벽기도에 나가면 찬송가 소리에 잠을 깨 옹알이를 하고 울기도 해서 성도들의 눈치가 보였다.

아기를 두고 나가는 것도, 데리고 나가는 것도 힘들어 새벽기도에 빠지면 사모가 새벽기도도 안 나온다고 말하는 소리가 들렸다. 성도들에게 나는, 이제 겨우 백일 지난 아기를 키우는 서투른 엄마가 아니라 모든 예배에 절대 빠지면 안 되는 개척교회 사모였던 것이다.

그 와중에 울릉도에서 군복무를 마친 시동생이 우리집에 오게 되었다. 시부모님은 울릉도에서 생업을 하셔야 하니 동생들은 자연히 결혼한 형과 누나 집에서 학교에 다니든지 취업준비를 해야 하는 상황이었다.

시동생은 취업준비를 위해 학원에 다녔는데 군대에서 술담배를 배웠는지 남편의 눈을 피해 술을 마시고 담배도 피웠다. 생활에 질서도 없어서 밤늦게까지 만화보고 아침에는 늦게 일어나서 밥을 따로 차려야 했다. 목회하는 형님의 입장은 아랑곳하지 않고 자기 방식대로 생활하는 시동생으로 인해 남편과 나는 애를 많이 태웠다.

그때는 시동생이 참 원망스러웠는데 지금 생각해보니 한창 혈기왕성한 나이에 목회하는 형님 집에 있다 보니 시동생도 많이 답답하고 힘들었겠다 싶은 생각이 든다.


남편과 나는 서로에 대해 전혀 모르는 상태에서 갑작스럽게 결혼을 했다. 결혼 후 서로를 알아가는 과정이 필요했지만 우리에게 닥친 환경은 전혀 그렇지 못했다. 결혼한 지 1년 만에 첫아이를 낳고 개척교회를 맡게 되고 시동생과 함께 살게 되고, 연년생으로 둘째 아들까지 출산을 하게 되었으니...


나는 결혼에 대한 정신적인 준비뿐만 아니라 요리하는 법도, 살림 사는 법도 전혀 준비되지 않은 상태였다. 아내로서의 역할만으로도 벅찬데 두 아이의 엄마로 아기를 양육해야 했고, 시동생 뒷바라지도 해야 했다.

개척교회 사모로 심방과 구역예배 뿐 아니라 주일엔 유치부 교사와 학생회 교사까지 해야 했다.

1인 6역 모든 일이 다 힘들었지만 가장 힘들었던 것은 남편과의 관계였다. 남편은 아내감 보다는 좋은 사모감이라는데 중점을 두고 나와 결혼을 했으니! 교회와 성도들에게 사모로서의 역할을 부족함 없이 하기를 요구했다. 가정에서는 남편에게 무조건 순종하기를 요구했다.

두 사람 다 남자와 여자의 차이점도, 대화하는 법도 모르고 결혼을 했다. 의견차이가 있으면 서로 자신의 생각만 주장하다 보니 갈등은 점점 커져만 갔다.

나는 결혼 전에 내가 참 착한 사람이라고 생각했다. 친구들이나 직장 동료들과의 관계에서 거의 갈등이 없었고, 조금 안 맞는 부분이 있어도 내가 참으면 별 문제가 없었다. 그래서 나는 어떤 사람을 만나도 내가 잘 맞춰서 살면 잘 될 것이라 생각했다.

그런데 막상 결혼생활에 들어가니 남편과의 갈등이 있을 때마다 내 안에 깊이 가라앉아있던 상처의 찌꺼기들이 올라와 마음을 휘저어 놓았다. 내 맘속에는 아버지에 대한 상처로 남자에 대한 기본적인 신뢰와 남편을 존경하는 마음 자체가 없었다. 그런 나였기에 순종을 넘어 복종을 요구하는 남편의 말이 부당하게 여겨졌고, 남편에게 순종하기가 싫었다. 그래서 갈등이 생기면 나는 말을 안 하고 대화의 문을 닫아버렸다.

하나님께서 왜 내게 이런 결혼을 하게 하셨는지 이해가 되지 않아 기도조차도 나오지 않았다. 정신적으로 육체적으로 너무 힘든 고통으로 괴로웠다. 아이들을 다 재우고 하루일과가 끝나고 자리에 누우면 내일 아침에 깨어나지 않았으면 좋겠다고 생각하며 기도했다.

"주님, 이 밤에 저를 좀 데려가 주세요. 너무 힘들어서 도저히 감당할 수가 없습니다."

돌이켜보면 그때가 나의 인생에서 가장 힘들었던 때였다. 하나님께서 나를 뜨거운 용광로에 넣어 계속 온도를 높여 연단시키시며 나를 깎고 다듬어 가셨던 시간들이었다.

> 그러나 내가 가는 길을 그가 아시나니 그가 나를 단련하신 후에는
> 내가 순금같이 되어 나오리라 (욥기 23:10)

## 4. 부교역자 사모로

결혼 후 4년 만에 남편이 목사 안수를 받았다. 전도사에서 강도사까지 개척교회 사모로 많이 지쳤던 나는 남편에게 말했다.

"여보, 이제 목사 안수도 받았으니 큰 교회에 가서 목회를 좀 배우는게 좋겠어요. 부목사로 가게 되면 나도 좀 편할 거 같아요."

나의 요구도 있었지만 남편도 훌륭한 목사님 밑에서 목회를 배우고 싶은 생각을 하고 있던 참이라 부산 장림교회 부목사로 가게 됐다. 부목사 사모가 되자 교회 사역도 없었고, 사모로서의 부담도 한결 적어졌다.

시동생도 취업을 하여 울산으로 갔다. 1년 반 동안 함께 살았던 시동생을 보내고 이제 좀 한시름 놨다 싶었는데, 시부모님께서 이

번엔 막내 시동생을 보내셨다. 재수를 하던 막내 시동생이 오게 되자 새벽기도 마치고 밥을 해 도시락을 두 개 싸서 보냈다. 또 학원에서 밤늦게 돌아오면 저녁을 차려주어야 했다. 그렇게 재수, 삼수할 때까지 1년 반을 함께 살았다.

부목사 사모가 되니 육체적 정신적으로는 한결 편해졌지만, 여전히 남편은 참 힘든 사람이었다. 남편에겐 사역이 우선이었고 가정이나 가족보다 성도가 우선이었다.

어느 날 연세 드신 집사님 한 분이 두 살짜리 손자를 업고 우리 사택에 오셨다. 아들과 며느리가 이혼을 하고 할머니가 손자를 키우는데 몸도 아프고 너무 힘들다고 하소연을 하며 우셨다. 남편과 나는 함께 마음 아파하며 기도해드렸다. 집사님이 가시고난 후 남편은 나에게 말했다.

"여보, 김집사님 손자를 우리 집에 데려와서 좀 키워줍시다. 집사님 연세가 많으신데 너무 힘들어 보이잖아."

"네? 우리 애 둘도 힘든데 그 애기까지 키워주자구요? 안돼요. 난 못해요. 남의 애 키우는게 얼마나 힘든데, 아프거나 다치거나 하면 어떡해요?"

하고 대답했다.

그러자 남편이 갑자기 밖으로 나가버렸다. 그 후 일주일 동안 집에서 밥을 먹지 않았다. 식사 때마다 밥을 차려놓으면 밖으로 나가고 내게 말도 하지 않고, 물어도 대답하지 않았다.

그런 남편의 행동을 보며 무척 황당했고 섭섭한 생각까지 들었다. 세 살, 네 살 연년생인 두 아들을 키우며 시동생 뒷바라지까지 하는 아내가 힘든 것은 보이지 않고 성도의 아픔을 우선으로 여기며 내게 무리한 요구를 한다고 생각했다.


나도 말을 하지 않고 남편이 밥을 먹든지 말든지 나는 내 할 일을 한다는 생각으로 식사 때마다 밥을 차렸다가 안 먹으면 치우고 하는 일을 반복했다. 그러나 일주일이 넘어가자 점점 남편의 건강이 걱정되기 시작했다. 나는 울면서 남편에게

"여보, 내가 잘못했어요. 이제 마음 풀고 제발 밥 좀 드세요."

하고 말했다. 그제야 남편은 마음을 풀고 밥을 먹기 시작했다. 남편은 내가 사모로서 성도의 아픔을 몰라주고 긍휼의 마음을 가지지 않는 것과 자기 말에 생각도 하지 않고 바로 안 된다고 하는 말에 화가 난 것이었다. 일주일 동안 금식하고 밥을 굶었나 싶어 걱정했던 내 생각과는 달리 남편은 점심과 저녁을 교회 바로 앞에 있는 장림시장에 가서 사먹었다고 고백했다. 그것도 모르고 남편의 건강을 염려했던 나는 속았다는 것에 약이 오르기도 했다. 그래도 집에서

밥을 먹기 시작한 것을 다행스럽게 생각했다.

그렇게 장림교회에서 사역하던 중 남편은 진해동부교회의 부목사 청빙 요청을 받게 되었다. 남편은 1년 만에 사역지를 옮기는 것이 하나님의 뜻인지에 대해 3일 동안 금식하며 기도했다. 기도에 응답받고 동부교회로 옮기기로 결정하게 되었고, 나도 남편의 사역지를 따라 고향 부산을 떠나게 되었다.

진해로 이사 와서 처음 마주한 빨간 벽돌 건물 동부교회와 벚나무가 양쪽으로 쭉 늘어선 교회 건너편의 낮고 아담한 사택이 참 정겹게 느껴졌다. 우리가 이사 온다고 장로님과 집사님들이 마당에서 기다리고 계시다가 반갑게 맞이해주셨다. 이삿짐도 같이 옮기며

"목사님, 우리는 몸으로 때우는 데는 자신 있습니다. 필요할 때 언제든지 불러주이소."

하셨다. 실제로 사택 도배와 장판도 집사님들이 직접 다 하셨고 청소까지 깨끗이 해두신걸 보니 열심이 특심인 성도들이 많은 것 같아 든든했다.

진해동부교회로 옮길 때에 어머니께서 내게 해주신 이야기는 지금도 내 맘속에 깊이 남아 있어 내가 좋은 사모인가 아닌가 돌아보게 했던 이야기다.

어떤 사람이 이사를 갔는데 그 동네 인심이 어떤지 알아보려고 지나가는 사람을 붙들고 물었단다.

"여보세요, 이 동네 인심은 어떤가요?"

그랬더니 지나가던 사람이

"지난번에 살던 동네 인심은 어땠소?"

하고 묻더란다.

"그 동네 인심은 정말 좋았습니다. 사람들이 참 좋았지요."

"아, 그러면 이 동네 인심도 좋습니다."

이 짧은 이야기를 해주시며 어머니가 말씀하셨다.

"야야, 어데를 가든지 다 자기 하기 나름이데이. 자기 인심이 좋고 베풀고 살면 다른 사람도 다 인심 좋게 베풀어 자기에게 그대로 돌아온다. 자기가 욕심 많고 인심이 안 좋으면 다른 사람도 자기에게 그대로 한데이. 목회자도 마찬가지다. 어느 교회를 가든지 다 자기 하기 나름이다. 목사가 잘 하면 교인들도 좋고 목사가 잘못하면 교인들도 나빠진데이."

> 주의 종은 마땅히 다투지 아니하고 모든 사람에 대하여 온유하며 가르치기를 잘 하며 참으며 (디모데후서 2:24)

# 5. 사역의 현장

## ♤ 새소식반

"목사님, 교회 바로 앞에 교회 소유의 집이 하나 있긴 한데 너무 오래되고 낡았어요. 그래서 사택을 아파트로 얻어드릴까 생각하고 있습니다."

동부교회로 오기로 결정되었을 때 정장로님께서 전화로 말씀하셨다.

"장로님, 집이 있는데 뭐하러 돈을 들여 아파트를 얻습니까? 오래 돼도 괜찮습니다. 남의 집 전세로 들어가는 것보다 교회 사택에 사는 것이 좋겠습니다."

남편의 주장으로 우리가 살게 된 사택은 80년 된 기와집이었는데 천장이 낮고 방도 아주 작았다. 책장과 책상을 놓고 서재로 쓰게 된 방과, 장롱과 문갑을 놓고 안방으로 쓰게 된 방 두 개가 다 네 식구가 함께 누울 수 없을 정도로 좁았다.

반면에 마당은 아주 넓었는데 안쪽에는 큰 방이 여덟 개나 되는 교육관이 있었다. 피아노까지 있는 큰 방을 보자 내 입에선 나

도 모르게

"우와~ 여기서 새소식반 하면 참 좋겠다."

하는 말이 나왔다.


나는 결혼 전에 어린이전도협회의 새소식반 전도를 했다. 결혼 후 4년 동안 교회사역과 자녀양육으로 새소식반을 못하다가 장림교회에서 부목사 사모로 시간적으로 여유가 생기자 다시 시작하게 되었다.

월요일 저녁이면 큰 아이 손을 잡고 작은 아이는 업고 버스 타고 지하철 갈아타면서 새소식반 강습회에 다녔다. 강습회에서 받아온 교재를 일주일 동안 색칠하고 오리고 공과와 선교사 이야기를 준비하여 토요일에는 동네 아이들을 모아서 복음을 전했다.


1년 동안 두 학기를 해보니 어린 두 아들을 데리고 새소식반을 하는 것이 너무 힘들어 진해로 이사 가면 안 해야겠다고 생각하고 있었다. 그런데 교육관의 큰 방을 보자마자 새소식반 하기에 딱 좋은 장소라는 생각이 들었던 것이다.


2학기 강습회가 시작되자 나는 마산 어린이전도협회 새소식반 강습회에 다니기 시작했다. 네 살, 다섯 살이 된 두 아이를 데리고 강습회 가는 것부터 교재준비와 전도까지, 너무 힘들었다. '못하겠다, 안해야겠다' 하면서도 다음 학기가 되면 어김없이 새소식반을 하고 있는 나를 보면서 나도 내가 왜 이러는지 이해가 되지 않았다.

그때는 이해를 못 한 채 새소식반을 계속 했지만 오랜 시간이 지난 후에 그것이, 새소식반을 통해 나를 세워가시기 위한 하나님의 계획하심이었음을 알게 됐다.

내가 열었던 옹달샘 새소식반에는 매주 토요일이면 25~40여명의 아이들이 와서 복음을 듣고 예수님을 영접했다.

윤정이는 새소식반이 너무 좋아서 매일매일 했으면 좋겠다면서 평일에도 자주 사택에 와서 놀았다. 학교에서 친구들에게 새소식반을 자랑하여 아이들을 많이 데리고 왔다. 어떤 아이는 간식을 받는 것이 좋아서, 어떤 아이는 복습게임이 재미있어서 왔지만 어찌 됐든 복음을 전할 수 있고 예수님을 영접하는 아이들이 계속 늘어나는 것이 나의 기쁨이었다.

1년 동안 마산으로 강습회를 다니던 나는 총무님이신 목사님께 진해에도 강습회를 열어주시기를 간곡히 부탁드렸다. 그때부터 30년 동안 진해의 교사들을 위해 동부교회에서 새소식반 강습회를 열어주신 신실하신 김목사님과 그의 아내이신 공간사님을 생각하면 저절로 머리가 숙여진다.

　점점 유치부와 유치원 교사들도 TCE 교사대학 교육을 받고 새소식반 전도에도 동참하게 되었다. 어린이전도협회 간사로 헌신하게 된 선생님도 나왔다. 지금도 꾸준히 새소식반 전도를 하고 있는 선생님들이 있으니 참으로 감사한 일이다.

　하나님께서는 새소식반을 통해 내게 참 좋은 것을 많이 주셨다. 많은 어린이들에게 복음을 전하게 하셨고 좋은 교회학교 선생님들을 많이 길러낼 수 있었다. 무엇보다도 나 자신이 하나님의 말씀 사역자로 설 수 있도록 하셨다. 나의 인생에서 어린이전도협회와 새소식반을 만난 것은 하나님의 큰 은혜이며 축복이다.

## ♧ 유치부

　새소식반이 시작되자 주일학교 교사를 하던 집사님들이 관심을 가지고 지켜보기 시작했다.

　"사모님이 좋은 거 하신단다."

　하면서 보러 오시기도 하고 아이들에게 줄 간식도 사주시곤 했다.

새소식반 사역이 점점 소문이 나자 부임한 다음 해부터 유치부 부장으로 임명받게 되었다. 유치부는 교역자가 따로 없었기 때문에 부장이 설교까지 담당해야 했다.

나는 유치부 커리큘럼을 새소식반 공과로 바꿨다. 52주 설교제목과 매월 암송할 성경요절, 행사계획까지 세밀하게 1년 교육계획을 세웠다.

교사들에게는 찬양 인도법, 심방 하는법, 구원 상담법, 복습게임 인도법, 성경요절 인도법 등으로 교육을 하고 매월 담당 교사를 정해 찬양과 복습게임, 요절암송을 교사들이 인도하도록 했다.

몇 년이 지나자 부장인 내가 선교지 방문이나 안식년으로 자리를 비우게 될 때는 교사들에게 설교도 맡기고 갈 수 있게 되었다. 교역자의 도움 없이 자체에서 다 해결될 만큼 교사훈련이 잘 되어 있었다. 우리 유치부에는 참 헌신적인 교사들이 많았다.

어느 주일에 한 여중생이 아침 일찍 유치부실로 찾아 왔다.

"선생님, 여섯 살 때 우리 선생님을 만나고 싶어서 왔어요. 이름은 잘 모르겠는데 얼굴을 보면 알 것 같아요."

"그래? 조금 기다리면 선생님들이 오시니까 기다려보자. 그런데 어떻게 여섯 살 때 선생님을 찾아올 생각을 하게 됐니?"

"제가 어릴 때 교회에 너무 오고 싶었는데 엄마가 안 보내줘서 잘 못 왔어요. 그런데 우리 선생님이 일요일마다 우리 집에 와서 저를 씻기고 챙겨서 데려와 주셨어요. 일곱 살 때 멀리 이사 가서 동부교회에 못 오게 됐는데 초등학교 가서부터는 저 혼자 가까운 교회에 다니고 있어요. 그래서 어릴 때 저를 예뻐해 주시며 챙겨주셨던 선생님이 너무 보고 싶어서 찾아왔어요."

조금 기다리자 이선생님이 오시더니 아이를 보자마자 바로 알아보고
"○○야, 너 이렇게 많이 컸구나. 아이구! 반갑다. 어떻게 왔어?"
하며 안아주니
"선생님~ 오늘 스승의 주일이라 선생님 가슴에 카네이션을 달아 드리려고왔어요."
하면서 꽃을 달아드리고 자기가 돈을 모아 샀다면서 예쁜 브로치를 선물로 드리는 것이었다.

그 아이를 보면서 나는 정말 감격했다. 아이들이 크면 유치부 때의 일은 잘 기억 나지 않고 그때 가르쳐주셨던 선생님도 잊어버리기가 다반사인데 이 아이는 중학생이 될 때까지도 기억하고 있다가 찾아와서 감사를 표현하다니! 아마도 이선생님의 사랑이 너무 커서

잊을 수 없었나 보다.

이렇듯 우리 유치부에는 매주 토요일마다 전화로 심방을 하고 주일 아침에는 집으로 찾아가서 데려오고 예배 마치면 집까지 데려다주는 선생님들이 많았다. 선생님들의 헌신으로 유치부 출석이 매주 100명 이상 되었던 때도 여러 해 있었다. 이런 귀한 선생님들과 함께 29년간 행복하게 유치부 사역을 잘 감당할 수 있었던 것은 전적인 하나님의 은혜이다.

중3 때부터 유치부 보조교사로 시작하여 43년간 주일학교 교사로 헌신할 수 있도록, 오랜 세월 어린이 사역에 사용해 주신 하나님께 감사와 찬양과 영광을 돌려드린다.

## ⚓ 노인대학

"여보, 우리교회는 전통적인 교회라 연세 드신 분들이 많고 진해라는 지역의 특성상 노인들이 많은데 우리도 노인대학을 합시다."

사모로서 유치부 사역을 하게 된 나는 '요람에서 무덤까지 책임지는 목회'를 해야 한다는 생각이 들기 시작했다. 그래서 남편에게 노인대학 사역을 제안하자 남편도 동의를 하고 노인대학을 잘 운영하는 교회를 같이 탐방해보자고 했다.

장로님과 권사님 몇 분을 모시고 노인대학 사역을 잘 하고 있는 몇몇 교회를 탐방하고 세미나에도 참석하면서 열심히 배웠다. 사단법인에서 발급하는 노인대학 자격증도 받은 후에 동부노인대학 설립을 위한 기초 작업을 했다.

〈노인교육, 노인공경, 노인문화, 노인구원〉이라는 설립목적을 세우고 '건강한 노인이 되자, 존경받는 어른이 되자, 행복한 노년이 되자.'라는 교훈도 정했다.

담임목사인 남편이 학장을 맡고 조장로님을 부학장으로 세우고 7개 반으로 나누어 자원한 집사님들을 담임교사로 세웠다.

그런데 한 세미나에서 강사 목사님이

"채플시간은 반드시 담임목사님이 맡아서 하되 절대 설교는 하지 말고 세상 돌아가는 이야기를 재미있게 하세요. 마지막에 성경말씀을 한 두마디 간단하게 하고 마쳐야 됩니다. 그래야 안 믿는 사람들도 많이 오게 됩니다."고 말씀하셨다.

그러나 남편과 나의 생각은 달랐다. 교회에서 노인대학을 하는 목적은 노인 영혼구원인데 시간이 많이 남지 않은 어르신들을 모셔 놓고 세상 이야기를 하는 것보다는 복음을 바로 전하는 정공법으로 해야 한다는 생각이었다.

남편은 나에게

"당신이 유치원과 유치부에서 사용하는 설교자료로 노인대학에서 하면 어떨까요? 노인들도 어린아이들과 비슷한 점이 많으니까 잘 맞을 것 같은데..."

하고 말했다. 생각해보니 남편은 대외적인 일 때문에 빠질 일이 생길텐데 나는 매일 유치원에 출근을 하니 유치부에서 하듯이 하는 것도 괜찮겠다는 생각이 들었다.

그렇게 많은 과정을 거쳐 준비를 철저히 하여 2005년 3월에 동부 노인대학을 개강했다. 매주 화요일 10시부터 음악, 진리탐구, 체조, 특강, 특활(한글반, 서예반, 컴퓨터반, 공작반) 등 다양한 시간으로 진행했다. 교회에서 하는 노인대학이었지만 성당과 절에 다니는 분들과 종교가 없는 분들 등 다양한 분들이 오셨다.

나는 진리탐구시간을 맡아 새소식반 시각 자료로 성경이야기를 하면서 어르신들에게 구원의 메시지를 전했다. 유치원 아이들에게 설교할 때처럼 목소리로 연기하듯이 말씀을 전했는데 떠들거나 조는 분들 없이 재미있게 잘 들으셨다. 진리탐구 시간을 통해 예수님을 믿게 되고 교회에 등록하는 분들이 생겨나기 시작했다.

채집사님은, 부모님을 전도하고 싶었지만 실천을 못하고 늘 마음에 짐을 가지고 있었다 한다. 그때 마침 우리교회에서 노인대학을 개설하자 부산에 계시는 부모님을 버스를 타고 진해까지 오시게 했다. 두 분은 거의 빠지지 않고 2년여간 잘 나오셨다.

그 후에 두 분은 부산의 가까운 교회에 등록하시고 세례를 받고 열심히 신앙생활 하신다는 소식을 전하며, 채집사님은 노인대학 사역이 정말 중요하다고 말씀하셨다.

김집사님은, 시아버님이 교회만 왔다갔다 하셨는데 노인대학에 나오신 후로 믿음이 자라고 구원의 확신도 가지게 되었다고 너무 기쁘다고 하셨다.

이런 말씀을 들을 때마다 노인대학을 시작하게 하시고, 노인 한 사람 한 사람의 영혼을 찾으시고 구원하시는 하나님께 감사드렸다.

처음 시작할 때는 60명으로 인원을 제한했는데 부학장이신 조장로님과 교사들의 헌신으로 점점 좋은 소문이 나서 진해 전역에서 모여드는 어르신들로 인해 인원수가 160명이 넘는 동부노인대학으로 성장하게 되었다.

지난 15년간 매주 화요일마다 어르신들에게 진리의 말씀을 전할 수 있도록 약한 나를 사용해주신 하나님의 은혜는 생각하면 할수록 감사, 감사밖에는 없다.

세상의 약한 것들을 택하사 강한 것들을 부끄럽게 하려 하시며
... 이는 아무 육체도 하나님 앞에서 자랑하지 못하게 하려 하심이라
(고린도전서 1:27, 29)

## 6. 가정사역자의 길

어느 날 창원의 한 교회 집사님에게서 전화가 왔다. 인터넷에서 가정사역에 대한 검색을 하다가 국민일보에 실린 동부교회 가정사역에 관한 기사를 보게 되었다 한다. S교회의 가정사역 부장이라고 자신을 소개한 신집사님은 우리교회에서 실시한 다양한 사역들에 대해 듣고 싶어 하셨다. 나는 최대한 많이 알려드렸다.

그 후 S교회에서도 '요리하는 남자' 프로그램을 했는데 반응이 참 좋았다고 하시며 '사춘기 부모교실' 강의를 요청해왔다. 5월은 유치원에도 행사가 많아서 내가 잘 감당할 수 있을지 걱정이 되었다. 하지만 헌신적으로 섬기는 신집사님의 열정이 나로 하여금 가서 도와드려야겠다는 생각이 들게 했다.

조금은 떨리는 마음으로 시작한 나의 첫 외부 강의, 가정사역팀원들의 헌신적인 섬김으로 19명의 수강생들과 함께 5강까지 열심히 달렸다. 마지막 주에는 한 분씩 돌아가며 소감을 발표하는 시간을 가졌다.

부모로서 자신의 부족했던 모습을 돌아보며 눈물을 흘리는 어머니들도 있었고 자녀를 더 이해하고 좋은 부모로 나아가고자 한다는 아버지들도 있었다.

부모가 변하면 아이들도 변할 것이다. 부족한 나의 강의를 통해 수강한 분들에게서 일어나는 작은 변화를 보며 강의한 보람을 느꼈다.

이렇게 외부에 알려질 만큼 동부교회의 가정사역을 세워가기까지는 참으로 많은 과정들이 있었다.

남편은 목회의 세 가지 축을 교회교육, 가정사역, 장애인사역으로 정했다. 장애인사역과 교회교육은 헌신된 부목사님들이 오셔서 잘 세워져 갔지만 가정사역은 그 분야를 공부한 부목사님을 모시는 것이 쉽지 않았다. 그래서 남편과 내가 직접 가정사역을 시작하기로 했다. 우리 부부가 세미나에서 배워서 제일 처음 시작한 과정은 부부성장학교였다.

### 1) 부부성장학교

1기에 12쌍의 부부가 등록을 했는데 아주 모범적인 가정들이었다. 굳이 강의를 듣지 않아도 될 만큼 관계가 좋은 부부들이라 과제도 잘 해왔다. 한 주간 동안 실천한 것을 발표하는 시간에는 경쟁하듯 부부간의 행복한 모습을 많이 보여줬다. 그런데 유독 힘들어하는 사람이 있었다.

H씨는 술을 많이 마시고 아내에게 폭력도 행사하는 사람이었다. 금요기도회를 할 때면 술에 취해 큰 소리로 아내 이름을 부르며 교회를 시끄럽게 하기도 했다. 술을 많이 마시고 새벽 1시나 2시에 사택에 와서 대문을 쾅쾅 두드리며 "목사님~ 목사님~"하고 부르는 날도 여러 번 있었다. 그럴 때마다 남편은 자다가 벌떡 일어나서 대문을 열고 그를 집으로 데리고 들어왔다. 라면도 끓여주고 커피도 타주면서 술주정을 다 받아줬다.

어느 날 술값이 없다고 전화가 와서 남편이 술집으로 달려가서 술값을 대신 내주기도 했다. 그런 일들을 통해 그는 목사님을 신뢰하게 되었고 교회에도 나오기 시작했다. 등록한 지 얼마 되지 않았을 때 부부성장학교를 한다는 광고를 듣고 H성도님 부부도 함께 참석하게 되었다.

1강, 2강... 강의가 진행되면서 그는 자신이 지금까지 살아왔던 세계와는 너무도 다른 문화에 충격을 받은 것 같았다. 행복하게 사는 부부들, 특히 아내를 사랑하는 남편들의 모습을 보고 자신의 모습과 비교가 되면서 마음이 괴로웠던지 부부성장학교를 하는 날이면 술을 더 많이 마시고 결석을 하기도 했다. 그랬던 H성도님이 아주 조금씩 변하기 시작했다. 점점 교회에도 열심히 나오며 믿음이 자라서 나중에는 집사 직분을 받게 되었고, 그 가정에도 평화가 찾아왔다.

부부성장학교를 진행하면서 우리 부부도 조금씩 변해갔다. 남편과 아내, 결혼의 원리를 깨달으며 서로의 다름을 인정하고 받아들이기 시작했다. 강사인 우리 부부도 배우면서 가르쳤고, 가르치면서 배워갔다.

2기에도 10가정이 모여 12강까지 재미있게 진행했다. 3기는 새 가족들이 많이 등록하면 그때 다시 하기로 하고 청년들을 위한 결혼예비학교를 준비했다.

## 2) 결혼예비학교 1

부부성장학교를 진행하면서 나는 강의에 대한 자신감이 조금 생겼다. 그 당시 부산 경남지역에는 결혼예비학교 강의에 관해 배울 만한 곳이 없어서 내가 직접 공부해서 강의를 하기로 했다. 결혼에 관한 책을 여러 권 읽고 좋은 교재도 선택해서 준비를 열심히 했다.

교회에 광고를 하니 청년 자녀를 둔 부모들이 아주 기뻐하셨다. 결혼을 앞둔 청년들에게 꼭 필요한 교육이라며 자녀들의 등을 떠밀어 등록시켰다.

1기에 30명의 청년들이 모였다. 5주 동안 강의와 조별 토의와 발표를 시키면서 재미있게 진행했다.

매주 강의를 들은 후 〈상한 감정의 치유〉, 〈화성에서 온 남자 금성에서 온 여자〉, 〈사랑과 행복에의 초대〉, 〈준비된 결혼이 아름답다〉 4권의 책을 읽고 독후감을 제출하게 했다. 대부분의 청년들이 과제도 잘 제출했다.

마지막 5강을 마친 후 소감문을 작성하고 수료식과 함께 오후예배시간에 특송을 하고 대표자가 소감문을 발표하는 시간도 가졌다. 수료생 전체의 소감문은 주보에 실어서 성도들이 읽을 수 있게 했다.

그렇게 해마다 결혼예비학교를 진행하여 7기까지 했는데 나의 두 아들도 등록시켜서 수강하게 했다. 아래는 둘째 아들의 소감문이다.

"결혼예비학교? 결혼은 무슨. 아직 연애도 못 해 봤는데……
벌써부터 준비할 필요 있나?"
어머니께서 내게 이번에는 꼭 결혼예비학교에 등록해야 한다고 하셨을 때 든 생각이다. 하지만 내게는 선택의 여지가 없었다. 내 이름은 이미 등록자 명단에 들어 있었다. 처음 시작은 자발적인 것이 아니었지만 강의를 시작하자마자 들으면 들을수록 다음 강의가 기다려질 정도로 아주 흥미진진했다.(중략)

5주 동안, 결혼 전 건전한 이성 교제부터 시작해서 아름다운 부부 생활과 행복한 가정을 만드는 비결을 많이 배울 수 있었다 .
우리 '내 마음을 받아' 조의 조원들과 토론 시간에는 다른 사람들의 생각을 들으며 나의 생각을 넓힐 수 있었고, 결혼에 대한 좋은 책들을 읽으며 앞으로 결혼하면 어떤 남편과 아버지가 될지도 마음 속에 그려볼 수 있었다.
몇 년 후, 내게도 하나님이 예비하신 사람을 만나는 때가 이르면 그때 결혼예비학교를 재수강하고 싶다.

이 다음에 배필을 만나면 함께 재수강을 하고 싶다는 아들의 소감문을 읽고 나는 참 감사했다. 결혼예비학교를 통해 교회 청년들

뿐만 아니라 내 자녀들에게도 바른 결혼관을 심어줄 수 있었다는 것에 보람을 느꼈다.

### 3) 가정행복 부흥회

"목사님, 이 헌금을 동부교회 가정사역의 종잣돈으로 써주세요. 우리 가정에도 여러 번 위기가 있었는데 이번 부흥회를 통해 가정이 얼마나 소중한지를 깨닫게 되었습니다."

송길원 목사님을 모시고 3일간 가정행복 부흥회를 마친 후 박집사님 부부가 찾아와서 헌금을 하며 하신 말씀이다.

그동안 가정사역을 한다곤 했지만 부부성장학교 2기와 결혼예비학교만 7기까지 진행하다 보니 더욱 다양한 가정사역의 필요성을 느끼고 있을 때였다.

남편과 나는 두 분의 귀한 물질 헌신을 어떻게 사용해야 가정사역의 종잣돈으로 사용할 수 있을지를 의논했다. 많이 기도하고 생각한 끝에 그 헌금의 절반은 하이패밀리에 매월 30만원씩 1년간 후원을 하여 하이패밀리 협약 교회가 되고, 나머지 절반은 내가 가정사역 MBA 공부를 하여 우리교회의 가정사역을 체계적으로 세워가는 것이 좋겠다는 결론을 내렸다.

남편은 당회에 이 일을 정식으로 제안했고 당회원들의 찬성으로 그 헌금을 '가정사역 준비비'로 책정하여 재정부에서 지출하도록 했다.

하지만 나는 선뜻 용기를 내지 못했다. 매일 출근하여 유치원 일을 하는 것도 벅찬데, 2년 동안 월요일마다 서울까지 다니며 공부를 해내는 것이 결코 쉬운 일이 아니었기 때문이다. 주저하는 사이에 2년이란 세월이 더 흐르게 되었다. 시간이 갈수록 내 마음속에 부담감이 밀려왔다.

어느 순간 '이대로 세월을 보낼 수만은 없다. 더 나이가 들기 전에 빨리 공부를 시작해야겠다.' 는 생각이 강하게 들기 시작했다. 주님께서 이런 마음을 주시고 시작할 수 있는 용기도 주신 것이다.

가정사역 MBA 과정에 등록하기 전에, 함께 공부할 사람을 찾아봐야겠다는 생각이 들었다. 앞으로 동부교회의 가정사역을 이끌어 갈 사람을 준비시켜야 할 필요성을 느꼈기 때문이다. 그때 가장 적합한 사람으로 떠오른 분이 바로 김집사님(지금은 권사님)이다. 가정사역 공부를 해보지 않겠냐고 제안했을 때 집사님은 흔쾌히 결심하셨다.

### 4) MBA 가정사역 공부를 시작하다

2014년 3월부터 한 학기에 14주, 4학기 과정의 가정사역 공부가 시작되었다. 새벽부터 밤까지, 진해에서 서울까지 먼 길을 오고 가는 대장정이 시작된 것이다. 새벽 5시30분에 출발하여 무궁화호를 타고 밀양역에서 KTX로 환승하여 서울역에 내려 다시 지하철을 두 번 갈아타는 먼 여정이었다.

기차에서 내리자마자 바쁘게 뛰어가서 지하철을 타야 강의 시작 시간인 10시까지 겨우 도착할 수 있었다. 공부를 마치고 서울역에서 기차를 타고 집에 오면 밤 11시가 가까웠다. 무척 피곤하고 힘들기도 했지만 매일 유치원에 출근해서 일에만 매달려있던 내게 그 시간은 바깥 바람을 쐴 수 있는 힐링의 시간이 되기도 했다.

새벽에 기차를 타고 가며 주님과 대화하고, 준비해 간 떡과 따뜻한 물로 아침식사를 하면서 창밖 풍경을 감상했다.

특히 화사한 벚꽃으로 뒤덮인 봄 풍경과 빠알간 감이 주렁주렁 달린 감나무들과 황금물결 벼이삭들이 펼쳐진 밀양의 가을 풍경은 서울 나들이의 묘미였다.

가정사역 공부를 시작하자 MBA 과정 외에도 새로운 것들을 배우고 경험할 수 있었다. 가족끼리 몸으로 가까워지고 행복해지는 가족힐링캠프 지도자과정을 수료하여 교회와 유치원에서 진행할 수 있었다.

러빙유에도 참석했고 그 후에 스텝으로도 섬겼다. 러빙유는 여성치유사역인데 수많은 여성들이 참여하여 치유받고 회복되는 탁월한 프로그램이었다. 다양한 끼로 똘똘 뭉쳐져 있는 전국에서 모인 헌신적이고 귀한 사모님들을 만날 수 있었던 것도 큰 은혜요 축복이었다.

그렇게 2년간 288시간 32학점을 이수하며 좋은 교수님들을 통해 가정사역과 상담에 대한 많은 새로운 것들을 배웠고 자격시험을 거쳐 가정사역사 자격증을 받게 되었다.

## 5) 사춘기 부모교실

가정사역 공부를 시작한 지 3학기가 지났을 때, 배운 것을 미루지 말고 바로 우리교회에서 적용을 해야겠다는 생각이 들었다. 먼저 시행한 다른 교회를 참고하여 사춘기 부모교실 개강 계획을 세우고 남편에게 보고하여 당회의 허락을 받았다.

매주 기도제목을 가정사역부 카톡방에 올리며 기도로 준비하며 마음을 모았다. 한 달 동안 많은 기도와 준비를 하고 시작된 사춘기 부모교실은 16명의 수강생들과 함께 시작되었고 5강까지 잘 마치게 되었다.

마친 후 스스로 평가해보니 많은 시간을 들여 강의안은 열심히 준비했지만, 강사인 나 자신이 만족할 만한 강의는 되지 못했던 것 같았다.

반면에 조별로 서로의 상황 나누기, 발표하기, 역할극 등을 통해 활력있는 분위기가 조성되었다. 매주 숙제를 내어주고 한 주간 동안 실천한 것을 발표하는 시간을 가지며 생활에 적용할 수 있도록 독려한 것도 효과가 좋았다.

수강생들의 소감문을 읽어보니 자녀를 더 이해하고 대화하며 주의 교훈과 훈계로 양육하고자 다짐을 하는 부모들이 많은 것을 볼 수 있었다. 나는 아직 공부하는 과정에 있는 부족한 강사였지만 하나님의 은혜로 첫 번째 가정사역 세미나를 잘 마칠 수 있게 된 것을 감사 또 감사드렸다.

## 소감문1.

> 모르는 것을 많이 알게 되었고 참 좋았고 재미있었고 앞으로 계속 사춘기 부모교실을 통해 많은 부모들이 깨우쳤으면 좋겠습니다.
> 하나님께서 선물로 주신 아름다운 자녀, 아이들에게 최선을 다하

고 있다고 생각하고 있었는데 막상 강의를 듣고 보니 부족한 엄마의 모습을 많이 발견할 수 있었습니다. 사랑하는 만큼 상처 주었던 나의 모습도 보이고, 잘 하고 있는 것은 더욱 잘 해야겠다는 생각이 들었습니다.

아이의 마음을 보는 지혜와 이해해 줘야겠다는 마음! 감싸주고 더욱 더 격려하고 응원하는 엄마가 되고 싶습니다.

지금보다 미래의 모습을 기대하며 조급해하지 않고 더욱 인내하며 주님의 역사하심을 믿고 기도하는 엄마가 되어야겠습니다.

## 소감문2.

처음 사춘기 부모교실에 수강을 신청했다는 아내의 말에 나는 별 감흥이 없었고 귀찮았다. 아직 우리 애들은 마냥 어리고 사춘기와는 멀다고 여겼기에 다음에 하자는 말로 미루었다.

하지만 아내의 계속된 설득과 멀다고 하는 사춘기가 내일 당장에라도 올 수 있다는 생각에 참여를 결심하게 되었다.

첫 시간에 강의 주제가와 율동, 서로간의 소통(역할극)이 서먹하고 낯설고 부끄러웠다. 오히려 강의보다는 강사이신 사모님의 눈을 피하기 급급한 나였다. 그러나 1주, 2주 강의를 듣고 나 자신을 되돌아보기 시작했다.

그러면서 나의 뒤통수를 강하게 때리는 뭔가를 느꼈다.

이 강의는 나의 자녀의 사춘기 극복을 위한 것인 동시에 내 사춘기 시절을 되돌아보게 한 시간이었다.

부끄러웠던 나의 사춘기, 그리고 이렇게 해주지 못한 어머니에 대한 원망, 후회... 그런 것들이 지나고 어느덧 모든 것이 이해

되고 그 이해를 밑바탕으로 내 자녀를 이해하게 되었다. 사랑하
게 되었다.

## 6) 행복한 가정사역원 개소

성도의 귀한 헌금으로 시작되어 2년이라는 나의 시간과 물질과
노력을 더하여 공부를 마치자 내 앞에는 많은 숙제가 놓여 있었다.
이제 동부교회의 가정사역을 어떻게 세워갈 것인가?

남편은, 교회 안에 가정사역원을 개설하여 각 대상별로 강의를
개설하는 것이 좋겠다고 제안했다. 나는 남편의 제안대로 가정사역
원을 개설하면서 상담소도 함께 운영해야겠다는 생각이 들었다.

가정사역은 예방과 치유가 병행되어야 한다. 강의를 통해 가족
구성원들이 서로 이해하고 사랑하는 방법을 배워 가족 간에 일어날
수 있는 다양한 문제를 미리 예방하고, 가족 안에서 입은 상처와 아
픔은 상담을 통하여 치유 받는 통로가 있어야 하기 때문이다.

가정사역원의 이름을 정하고 스텝들을 세우고 상담실과 가정사
역실을 만들어 멋지게 꾸미고 간판도 달았다. 필경대에 상담신청서
와 예쁜 우체통도 비치하여 주중에 상담이 이뤄지도록 준비했다.

드디어 2016년 4월 첫째 주일에 '진해동부교회 행복한 가정사역원' 설립예배를 드렸다. 가정사역 전문가이며 교수이신 정동섭 목사님을 강사로 모셔서 오전예배와 오후예배에 가정에 관한 설교를 들으며 성도들도 가정사역에 대한 관심을 가지게 되었다. 남편은 나를 초대 원장으로 임명했고 나는 김집사님을 총무로 세우고 여섯 명의 스텝도 세웠다. 행복상담소 소장은 상담학 박사인 장사모에게 맡겼다. 교회 내 상담이 필요한 이들은 누구라도 편히 와서 상담을 받고, 가정을 치유하고 회복하는 행복상담소로 자리매김했다.

### 7) 아내행복교실

가정사역원을 개설한 지 한 달 후에 아내행복교실을 개강했다. 4주 동안 주보에 광고를 하면서 미리 현수막을 붙이고 배너를 설치했다. 수강생들을 모집하는 일, 강의장을 예쁘게 꾸미는 일과 간식 준비와 명찰 만들기 등 세밀하게 준비할 것들을 스텝들이 다 맡아서 해주어 나는 강의준비에 전념할 수 있었다. 유치원 업무를 마치고 하루에 3시간 이상, 금요기도회 마친 후엔 새벽 2~3시까지 준비했다.

거의 두 달간은 아내행복교실 준비하느라 정작 나 자신은 행복한 아내가 되지 못했고 나의 남편을 잘 섬기지 못했다. 오히려 남편이 내가 강의준비에 집중할 수 있도록 설거지를 도맡아서 해주고 반찬도 만들어주고 청소도 해주며 격려해주어서 잘 감당할 수 있었다.

30명의 수강생들이 모여서 토요일 오후 3시부터 5시30분까지 5주동안 진행된 아내행복교실! 강의가 진행되는 동안 아내들이 밝고 환하게 변해가는 모습을 보며 나도 함께 행복해졌다.

수료식을 하는 오후예배 시간에 수료생 대표의 소감문 발표와 특송하는 모습을 보면서 그동안의 고생과 수고는 사라지고 감사와 기쁨이 밀려왔다.

이것이 사역의 기쁨이 아닐까! 비록 완전히 바뀌지도 않고 또 다시 옛 모습이 나타난다 할지라도 5주 동안 들었던 말씀이 결코 헛되지는 않을 것이라는 생각이 들었다.

'Never ever give up! 절대 포기하지 말자! 고 외쳤던 것처럼 아내들이여 나의 행복을 절대 포기하지 맙시다. 나 자신을, 내 남편을, 내 가정의 행복을 절대 포기하지 말고 넘어지더라도 다시 일어납시다.' 나는 이렇게 마음속으로 외쳤다.

## 소감문1.

### 5주 동안의 아내행복교실...

시작하면서 가졌던 부담감은 저 하늘 부는 바람결에 어느샌가 먼지처럼 날아가고, 수료하면서 아쉬움이라는 세 글자가 덩그렇게 남는다는 것을 느낀다.

일곱 가지 돕는 배필의 선언/ 남편 바로 보기/ 쓴 마음의 치유/ 관계 건축가로서의 아내/ 꿈이 있는 가정 꾸미기 라는 각 주마다 새로운 주제로 진행된 강의는 한 강의 한 강의 강의마다의 특색과 필요를 따라 나에게 가슴 깊은 울림을 전해주었다.

스스로 가졌던 생각의 골들이 조금씩 변화되어 가는 것을 느끼고 깊어졌던 어두운 골짜기에 용서라는 빛이 조금씩 비추며, 싹이 나고 꽃이 피며 남편을 바라보는 나의 시선과 생각이, 언어와 행동이, 아름다운 향기로 풍겨갈 것을 기대하는 마음이 커졌음을 느끼게 된다.

다시 현실이라는 공간에서 가끔은 아니 어쩌면 또 자주 어두움의 골짜기가 엄습할지 모른다. 하지만 그 어두움에 빛을 비추는 것도, 꽃을 피우는 것도, 향기로 드리우는 것도 나의 몫이라는 것을 안다.

일곱 번 넘어져도 또 일어날 힘을 키우며 나 자신을 사랑하며 행복해지는 현숙하고 아름다운 아내가 되길 기도하며 5주 동안 함께 해주신 신애숙사모님과 모든 스태프 그리고 아행교의 모든 분들과 3조 팀원들에게 감사와 사랑을 전합니다.

아내행복교실을 개강한다는 것을 주보에서 보고 처음으로 제 스스로 동참하고 싶어서 신청을 하였습니다. 내 마음에 짐이 무겁게 느껴질 즈음이어서 아내행복교실에서 그 답을 찾을 수 있을 것 같다는 생각에서 등록했는데 참, 잘한 결정이라고 생각합니다.

특히 2강 시간에 남편 바로보기에서 많은 깨달음이 있었습니다. 제 자신이 남편을 부정적으로 보던 것을 긍정의 눈으로 바꾸어 보니 예전에 느끼지 못했던 남편의 장점들이 많이 보이기 시작하였습니다.
제가 남편을 긍정적인 마음으로 바라보고 대하니까 남편도 점점 변화되어 가는 것 같았습니다. 좀 더 일찍, 좀 더 젊었을 때 이런 기회가 있었다면 좀 더 행복하게 지낼 수 있었을 것 같다는 생각이 들었습니다.

저처럼 나이든 사람보다 더 젊은 아내들이 많이 참여해서 강의 들으시면 좋을 것 같아서 젊은 아내들에게 강력하게 추천하고 싶습니다. 좋은 강의해주신 신애숙사모님과 행사 준비하신 스태프들께 감사드립니다.


## 8) 해피맘스쿨

해피맘스쿨은 유치원 학부모들을 대상으로 개설했다. 한 강의 한 강의, 유아기의 자녀를 양육하는 부모들에게는 정말 중요하고 꼭 필요한 강의라 생각하며 준비하는데 최선을 다했다. 가정에서 실천할 수 있도록 실습도 해보고 매주 베이비 마사지 강의도 함께 했다.

마지막 주 토요일에는 온 가족들을 참석하게 해서 가족힐링캠프를 했다. 가족과 함께 기차놀이도 하고 '무궁화꽃이 피었습니다' 놀이와 풍선놀이와 색깔천으로 줄다리기도 하면서 온가족이 기쁘게 뛰어다니며 행복해했다. 아빠들이 더 재밌어하고 또 했으면 좋겠다는 반응을 보였고 아이들은 매일매일 했으면 좋겠다고 했다.

수료식을 할 때 소감문에서, 정말 유익하고 좋은 강의였다, 자신을 돌아볼 수 있는 좋은 기회가 되었다, 벽에 붙여두고 실천하고 있다, 가족들이 화목해졌다는 고백들을 보며 내 마음속에도 행복 에너지가 솟아올랐다.

이런 시간들을 통해 생각이 변하고 행동이 변하고 가족들이 행복해질 수 있다면 나는 힘들어도 더 좋은 강의를 준비하기 위해 더 노력해야겠다는 생각이 들었다. 그래도 쉽지 않은 시간들이었다.

## 9) 결혼예비학교 2

결혼을 약속한 청년 2쌍과 교제 중인 1쌍, 솔로인 20명, 각각 다른 형편의 26명의 청년들이 모였다. 창원과 진해의 타교회 청년들도 6명이 참석했다. 수강하게 된 각자의 사정과 형편은 달랐지만 갈수록 뜨거워지는 관심과 열기로 재미있게 즐겁게 진행했다.

5주 동안 강의 준비하느라 몸도 마음도 바쁘고 힘들었지만 모든 강의를 다 마치고 나면 항상 뿌듯함과 감사함이 넘쳤다.

마지막 날 다 마치고 집에 들어가자마자 나는 가방을 던져버리고 우리 고양이들 앞에서 만세삼창을 불렀다.

만세! (끝까지 잘 감당케 하신 주님께 영광을 )

만세! (강의준비에 최선을 다한 신애숙에게 칭찬을)

만세! (결혼을 향해 나아가는 청년들에게 파이팅!)

그러거나 말거나 등 따시고 배부른 우리 고양이 누리와 봄이는 눈만 멀뚱거리고 쳐다볼 뿐이었지만 나는 또 하나의 사역을 잘 마친 후의 가벼움으로 날아갈 것만 같았다.

**소감문1.**

결혼에 대해 막연하게 생각했었음을 깨달았습니다. 막상 닥치면 다 하게 될 줄 알았습니다. 그러나 결혼을 앞두고 정말 많은 공부와 치유가 필요함을 이번 기회를 통해 깨닫고 배웠습니다.

평소 '나는 잘 살거야. 나 정도면..' 이라고 생각했는데 몰라도 한참을 몰랐습니다.
이번 결혼예비학교를 통해 진정으로 결혼의 의미와 설계를 알고 계획할 수 있어서 너무 좋았습니다. 결혼은 실전이라고 알려주셨는데 이번에 배운 것들을 실전에 적용하여 하나님이 어여뻐하시는 가정을 이루고 싶습니다.

아직 구체적인 날은 잡히지 않았지만 결혼을 준비함에 있어 먼저 준비되어져야 할 것이 물질적인 것에 많이 집중되어 있었습니다. 그러나 우리가 먼저 준비해야 할 것은 하나님과의 올바른 관계와 자신의 내적치유를 통해 건전한 자아상을 회복하는 길임을 다시한 번 깨닫게 되었습니다. 결혼의 구체적인 계획을 세운 예시를 보며 저도 구체적인 결혼 설계도를 그려보려 합니다.
믿음의 교제를 하고 있는 모든 주변 사람들에게 결혼예비학교를 추천합니다.

**소감문2.**

결혼에 대한 불안, 두려움이 많았던 것 같습니다. 저희 부모님의 결혼 생활이 그리 행복해 보이지 않았고 결혼하면 고생이라는 어른들과 주변 사람들의 말들을 너무나 많이 들었고 그 말만을 공감하며 신뢰하고 있었습니다.

결혼은 분명 힘든 길이지만 하나님께서 주신 선물인 것을 이번 결혼예비학교를 통해 깨닫게 되었습니다.
물론 고생과 고난의 길이기도 하지만 부부와 가정을 통해 주시는 하나님의 축복과 영광은 그에 비할 바가 아닐 것입니다. 이렇게 결혼에 대한 부정적인 시선을 긍정적으로 바라볼 수 있게 되어 결혼예비학교와 좋은 강의를 해주신 사모님께 정말 감사한 마음입니다.

결혼 전에 내가 먼저 준비되어야 함을 깊이 느꼈고 행복한 결혼을 준비시키시는 하나님의 도우심을 느낄 수 있었습니다.
특별히 내 안의 상처로 인한 잘못된 자화상을 돌이켜보고 건강하게 치료될 수 있다는 소망을 얻었습니다.
정말 건강하고 독립된 자아로 올바르게 서서 사랑이 넘치는 행복한 가정을 이루고 싶습니다. 하나님께 맡기고 서로를 배우며 배우자를 사랑하는 가정을 이루길 소망합니다.

## 10) 부부행복교실

부부행복교실을 야심차게 계획했다. 30~40대 부부 10쌍을 모집하여 3주 차에는 경주의 멋진 호텔에서 1박하며, 하이패밀리의 김향숙원장님을 초청하여 '부부 성'에 대한 강의도 듣고 부부 동작 세션도 진행하고자 했지만...

모집부터 너무 힘들었다. 스텝들이 권유해도 수강 신청하는 가정이 없었다. 할 수 없이 내가 30가정이 넘게 전화해서 권유했지만 수강하겠다는 부부가 거의 없었다.

다른 프로그램과 달리 부부가 함께 시간을 맞춰서 참석해야 하니 어렵기도 하겠지만 확실히 시대가 많이 달라진 것을 느꼈다. 20여 년 전에는 12주 과정의 부부성장학교도 광고만 하면 10가정 이상을 쉽게 모집할 수 있었는데...

지금은 4주 과정인데도 부부가 함께 시간 내어 참여하기가 쉽지 않다는 것이다. 부부관계가 많이 힘들어서 꼭! 참여했으면 하고 바랬던 두 가정이 끝내 오지 않았고 결국 일곱 가정만으로 진행하게 되었다.


지금까지 프로그램 한 개씩 진행할 때마다 준비 기간부터 마칠 때까지 쉬운 것이 없었지만 특히 이 기간은 많이 바쁘고 힘들었다.

월요일 저녁엔 5주 동안 동성애 동성혼 반대 아카데미에 참석하면서, 화요일 저녁엔 웰다잉 강사과정 공부하러 다니면서 강의준비를 해야 했으니 얼마나 힘들었던지!

그렇게 몇 달간 한 주간 내내 편히 쉴 수 있는 날이 하루도 없이 강행군을 했다. 마지막 토요일에는 마치는 시간부터 목이 따끔거리더니 밤새 아파서 잠을 못 잤다.

주일 아침에 일어나니 침을 삼키기 어려울 정도로 목이 부어 있었다. 유치부 설교를 겨우 마치고 오전예배 시간에 머리가 빙 돌고 속이 울렁거려서 도저히 앉아 있을 수가 없었다.

결국 오후예배에도 참석 못 하고 집에 누워있었다. '이렇게 힘든데 내가 꼭 이렇게까지 해야 하나?' 하는 생각이 들었고 예배도 참석 못 할 정도로 몸이 아파서 울고 마음이 아파서 울었던 주일 하루였다.

하지만 '아이처럼 울고 어른처럼 일어서야지! 주님께서 하라시면 저는 합니다!' 하는 마음으로 다시 일어섰다. 그리고 수강생들의 소감문을 보면서 다시 힘을 낼 수 있었다.

**소감문1.**

약간의 기대와 설렘으로 시작된 부부행복교실...
아내는 첫날부터 눈가를 적시며 나를 당황케했다. 그동안 우리의 결혼생활이 녹록지 않았던가보다.

생각해보면 모든게 준비없이 시작되어진 것 같다. 결혼도 그렇고 자녀를 낳고 양육하고 부부가 하나 되어 가정을 이뤄 지금까지 온 것 모두가 부족함으로 가득하다. 특히 아내에게 좋은 남편이 되지 못한 것 같아 후회가 되었다.

부부행복교실을 통해 이후의 삶에 있어서 가정에 더욱 충실하고 아내에게 많은 사랑을 주어야겠다고 다짐해본다.

## 소감문2

부부행복교실의 강사가 신애숙사모님이라는 얘길 듣고 사모님께서 너무 여러 방면에 걸쳐 강의를 하시는 것이 아닌지, 과연 전문성 있는 강의가 될 수 있을지 하는 걱정과 의아한 생각이 들었습니다.

하지만 4주간 강의를 들으면서 저의 생각과 걱정이 기우였음을 알게 되었습니다. 사모님께서 부부행복교실 강의를 위하여 또한 동부교회 행복한 가정사역원을 세워가시기 위해 하시는 많은 수고와 노력이 엿보이는 시간들이었습니다.

아쉬운 점은 좀 더 많은 인원이 함께 교육에 참여하지 못한 점입니다.

외부 강사님의 부부 동작 세션으로 부부가 함께 몸으로 많은 활동을 한 것도 참 좋았습니다.

앞으로 더욱 더 동부교회 성도들이 행복한 가정으로 나아가는데 힘쓰는 행복한 가정사역원이 되기를 바랍니다. 수고하셨습니다.

## 11) 해피엔딩스쿨

해피엔딩스쿨을 하기까지 하이패밀리의 웰다잉지도자과정을 수료했다. 한국인재육성개발원의 웰다잉 강사 자격과정도 20주간 수료하고, 웰다잉 강사지도사 1급 자격증도 취득했다. 죽음에 관한 책도 6권을 읽었다. 많은 인풋(input) 과정이 있어서인지 아웃풋(output)도 비교적 쉽게 되었다.

함께 웰다잉 공부를 했던 김권사님께 한 강의를 맡기고 나는 두 강의만 준비했다. PPT도 직접 만들면서 가벼운 마음으로 강의준비를 잘 할 수 있었다.

30대에서 70대까지 다양한 연령층의 수강생들이 모여서 진지하게 자신의 삶을 돌아보며 죽음을 생각해보는 시간이었다.

전등불을 다 끄고 촛불 아래에서 유서를 쓰는 시간에는 모두 숙연해져서 눈물을 흘리는 분도 있었다. 죽음 인식을 통해 삶을 바라보면 삶이 더욱 소중하게 여겨진다.

가장 좋은 죽음준비는 내 앞에 주어진 삶을 아름답게 잘 사는 것이라고 강의하며 강사인 나 자신도 지금 현재를 아름답고 행복하게 살아야겠다고 생각했던 시간들이었다.

## 소감문1.

짧은 시간이었지만 나의 삶을 되돌아보는 계기가 되었습니다. 1
강부터 3강까지 모든 강의 시간이 유익했고 다시 지금 이 순간에
감사할 수 있게 마음을 다잡는 시간들이었습니다.

## 소감문2.

참 유익한 교육이었습니다. 지난 삶을 돌아보며 많이 깨닫게 하여
주심을 감사드립니다. 천국 갈 준비를 더욱 단단하게 할 수 있게
되어 감사합니다. 남은 날 후회없는 삶, 부끄럽지 않는 삶을 살게
하옵소서.

## 소감문3.

바쁜 일상 속에서 뒤를 돌아볼 수 있는 귀한 시간이었습니다. 나
에게 주어진 하루를 헛되게 보내는 것이 아니라 내일은 없다는
생각으로 매일 최선을 다해 살겠습니다.
나의 가족, 나의 가까운 이들을 더 많이 사랑하며 살겠습니다. 귀
한 강의를 들을 수 있는 기회를 주셔서 감사합니다.

## 12) 갱년기 성공적으로 건너기

가정사역 MBA 과정에서 배웠던 6개의 강의 과정을 봄, 가을 1년에 두 번씩 3년에 걸쳐서 다 마쳤다.

이번 학기에는 어떤 강의를 개설할 것인지 스텝들과 함께 의논할 때 갱년기에 대한 강의 과정을 열어보자는 의견이 나왔다.

지금까지 가정사역원 원장인 내가 모든 강의를 다 맡아서 했기 때문에 이번에는 새로운 강사를 모셔서 새로운 강의를 들어보자고 의논했다. 그런데 강사를 찾기가 힘들었다.

갱년기는 인생 주기에서 가장 힘든 시기에 속하지만 갱년기를 잘 이겨낼 수 있는 정리된 강의를 하는 강사가 없다는 것이다.

할 수 없이 내가 강의를 맡기로 했다. 마땅한 책도 별로 없어서 전자도서를 주문하고 유튜브에서 갱년기에 관한 정보와 강의를 15가지 이상 들으며 정리하기 시작했다. 그렇게 PPT를 만들고 강의준비를 하면서 나 자신도 갱년기를 성공적으로 잘 건너갈 수 있도록 준비하는 시간이 되었다.

## 소감문1.

인생을 살아가면서 당연히 자연스럽게 맞이해야만 하는 인생의 여정인줄 알았습니다. 그런데 금번 세미나를 통해서 다시 지난 50여년의 삶을 돌아볼 수 있는 귀한 시간을 가졌습니다.

그리고 앞으로 어떻게 새로운 삶을 그려가야 할지 생각해보는 시간이었습니다. 몸도 마음도 관계도 갱신하며 아름답게 늙어갈 수 있는 기회를 제공해주셔서 감사합니다. 오늘 이 강의를 통하여 지혜롭게 갱년기를 극복해내겠습니다.

## 소감문2.

갱년기에 관하여 나름 안다고 생각했는데 오늘 강의를 들으니 몰랐던 부분도 너무 많았고 오늘 배운 것들이 내게 꼭 필요한 부분들도 참 많았습니다.

특히 서로가 행동으로 말로 표현하며 살아갈 때 웰빙, 웰에이징, 웰다잉이 될 것입니다.

## 소감문3.

힘든 갱년기에 맞춰서 이런 귀한 시간을 주심에 감사합니다.

운동, 음식, 마음가짐, 가족, 베풀어주신 은혜에 늘 감사하는 마음으로 현재를 행복하게 살아야겠다고 생각합니다. 감사합니다.

## 13) 행복했던 가정사역

행복한 가정사역원에서는 가정의 달인 5월이면 가족사진 콘테스트, 요리하는 남자, 가족신문 콘테스트 등 다양한 이벤트를 만들고 '한여름 밤의 영화 상영'도 하면서 가정의 행복을 만들어 내는데 도움이 되고자 힘썼다.

프로그램을 열어 강의할 때는 공부한 것을 잊어버리기 전에 배운 대로 바로 교회 안에서 적용하려고 부단히 노력했다. 스텝들이 잘 받쳐주고 프로그램마다 성도들이 적극적으로 참여해주서서 열심히 배운 것을 나누려고 애썼다.

지금 와서 생각하면 공부하랴, 유치원 운영하랴, 때로는 덜 익은 모습으로 강의하랴 벅찼지만 모든 것이 때가 있는 듯하다. 하나님은 가정을 귀히 여기셔서 부족한 모습대로 가정사역에 긴급하게 사용해 주셨음에 감사 또 감사드린다.

모든 사회문제는 가정에서 시작된다고 해도 지나치지 않는다. 하나님은 교회를 세우기 전 가정을 세우셨다. 가정이 모여 교회를 이룬다. 건강한 가정들이 건강한 교회를 세우게 한다. 가정이 바로

서지 않으면 교회도 흔들린다.

건강한 가정으로 세워지기 위해서는 많은 단계들이 있다. 결혼 준비부터 새로운 생명이 탄생하면서 또 다른 어려움들이 발생한다. 자녀도 잘 키워야 하고 부부도 서로를 돌아봐야 한다. 아이들 육아 시기에 따라 영유아 부모, 사춘기 부모, 갱년기 부부, 그 이후 웰다잉에 이르기까지 인생주기의 시기마다 하나님의 지혜가 필요하다.

부족하지만 앞으로도 가정을 건강하게 세우는 일에 사용되기를 원한다. 지금까지의 경험을 바탕으로 주께서 원하시는 대로 필요한 곳에서 쓰임 받기를 소망한다.

> 여호와여 사람이 무엇이기에 주께서 그를 알아주시며 인생이
> 무엇이기에 그를 생각하시나이까 (시편 144:3)

# 3부
# 나의 남편 김기해 목사

## 1. 오직 은혜, 오직 감사

남편은 천성이 참 부지런한 사람이다. 집에서 조금이라도 불편한 곳이 있으면 바로바로 고쳐서 편리하게 쓸 수 있도록 해준다. 아이들이 어릴 때는 기저귀 갈아주고 우유도 먹이고 안고 재워주며 육아도 많이 도와주는 부지런한 아빠였다.

교회 사역에 있어서도 참 성실했다. 안락제일교회에서 담임사역을 할 때나 장림교회와 진해동부교회에서 부목사로 사역할 때도 한결같았다. 자기가 맡은 일뿐만 아니라 교회에 필요한 일이 무엇인지를 살피고 몸을 아끼지 않았다. 담임목사님의 지시가 없어도 자기가 먼저 일을 찾아서 했다.

주일에는 1시간 전에 미리 나가서 예배에 차질이 없도록 준비를 했고 매일 심방 할 성도들과 가정을 찾아서 최전도사님과 함께 열심히 심방을 했다. 그 당시 우리 아들 둘이서 아빠놀이를 할 때 가방을 들고 나가는 시늉을 하며

"곰돌아, 아빠 심방갔다 올게."

하며 놀았다. 다른 아이들이 아빠는 아침마다 회사에 가는 사람이라고 생각하는 것처럼 우리 아이들은 아빠는 아침마다 심방하는 사람으로 알고 있을 정도였다.

진해동부교회에 와서 2년 반이 지났을 무렵 부목사를 많이 아껴 주시던 최상수 담임목사님의 건강이 점점 나빠지셨다. 병환으로 인해 담임목사님이 갑자기 은퇴하시게 되자 교회에서는 담임목사 청빙 준비에 들어갔다.

남편은 새 담임목사님이 오시면 부목사는 사역지를 옮겨야 한다는 생각으로 마음의 준비를 하고 N교회에 선보는 설교를 하러 가기도 했다.

그런데 놀랍게도 당회에서 남편을 동부교회의 담임으로 청빙하기로 결정을 했다. 그 당시 진해의 규모가 있는 교회에는 대부분 50대~60대 되신 목사님들이 담임목사님이셨다. 동부교회에도 당연히 연세가 지긋한 목사님을 모셔야 한다는 주변의 권유도 많았다.

그런데 어떻게 30대 초반의 젊은 부목사를 담임목사로 청빙한다는 그런 결정을 하게 되셨을까?

아버지 같은 연세의 정장로님과 박장로님을 위시한 장로님들께서 어떻게 그런 결정을 하셨을까? 지금 생각해도 이해가 안되는, 하나님의 놀라운 인도하심이 아니고서는 절대로 있을 수 없는 일이었다.


더군다나 고신교단에는 부목사가 그 교회의 담임목사가 되지 못한다는 법이 있었는데 몇 년 사이에 '단, 담임목사가 은퇴를 하게 될 때 부목사를 청빙하는 것에 동의하면 될 수 있다'라고 헌법이 바뀌어 있었다.

총회법으로 김기해 부목사를 동부교회의 담임목사로 청빙할 수 있게 된 것이다. 바뀐 청빙 절차를 따라 동부교회 공동의회에서 95%의 성도들이 찬성함으로 만33세에 남편은 진해동부교회의 담임목사가 되었다.

오직 하나님의 은혜로 젊은 나이에 동부교회의 담임목사가 된 것이다. 남편은 종종 내게 이렇게 말했다.

"여보, 당신이 잘났나, 내가 잘났나? 우리 동기들 중에는 나보다 훨씬 공부도 잘 하고 좋은 목사님들도 많은데 잘난 거 하나도 없는 부족한 나를 이렇게 좋은 교회의 담임목사로 세워주셨으니 우리 정말 잘하자. 끝까지 변하지 말자."

남편의 말을 듣고 나는 '옷걸이 이야기'가 생각났다.

어떤 세탁소에 새 옷걸이가 가게 되었다. 세탁소 주인이 그 옷걸이에 아주 비싼 밍크코트를 걸어줬다. 졸지에 밍크코트를 입게 된 새 옷걸이가 주위를 둘러보니 대부분 값싼 옷을 입고 있었다. 옷걸이는 우쭐해졌다.

'이것 봐, 나는 몇 백만원 짜리 밍크코트를 입고 있는데 너희들은

겨우 몇 만원 짜리 싸구려 옷을 입고 있잖아.'

생각하며 마음속으로 다른 옷걸이들을 무시하고 있었다. 그때 옆에 있던 선배 옷걸이가 말했다.

"얘, 지금 네가 걸치고 있는 밍크코트가 너 자신이라고 생각하지마. 너는 옷걸이일 뿐이라는 걸 명심해."

얼마 지나지 않아 주인은 그 옷걸이에서 밍크코트를 벗기고 아주 얇고 값싼 옷을 걸어줬다. 그제야 옷걸이는 값비싼 밍크코트가 자기 자신이 아니라는 것을 알게 되었다. 옷걸이일 뿐인 자기 처지를 모르고 교만했던 자신의 모습이 부끄러웠다.


이 옷걸이 이야기는 하나님께서 남편을 잠시 진해동부교회의 담임목사로 세워주셨고, 그 옷을 입혀주신 분도 벗기시는 분도 하나님이시라는 것을 늘 명심하게 하는 이야기였다.

잘난 것 하나도 없는 우리가 할 수 있는 것은 하나님과 사람 앞에서 겸손 또 겸손하게 착하고 충성된 종이 되는 것뿐이었다.


> 사람이 마땅히 우리를 그리스도의 일꾼이요 하나님의 비밀을
> 맡은 자로 여길지어다. 그리고 맡은 자에게 구할 것은 충성이니라
> (고린도전서 4:1~2)

## 2. 일사각오의 마음

남편은 동부교회에 와서 세 번의 공동의회를 거쳤다. 부목사로 올 때와 담임목사가 될 때, 2년 반이 지난 후 위임목사가 될 때였다. 위임목사로 청빙하는 세 번째 공동의회에서 93%의 성도들이 찬성했다.

남편은 지난 5년간 자신이 사역하는 모습과 성품과 단점까지 다 보고 난 후에도 이렇게 많은 성도들이 찬성하여 통과되자 너무도 감격했다. 그때 교회를 위해 자신의 모든 것을 바치려 일사각오하는 모습을 보였다.

젊은 나이에 담임목사가 된 남편은 장로님들께 말씀드렸다.

"장로님들 보시기에 저는 아들뻘인 젊은 목사라 부족한 점이 많이 있을 것입니다. 제게 부족한 점이 보이면 언제든 말씀해주시고 제 설교에도 아낌없이 조언해주시되 제가 목사로서 도무지 합당하지 않으면 언제든지 보내십시오. 그래야 교회가 삽니다."

남편은 스스로도 부족함을 느꼈던지라 장로님들께 그렇게 부탁드렸다. 장로님들께서도 그 말을 잘 받아들이셔서 당회를 할 때 많은 지적과 조언을 해주셨는데, 남편도 사람인지라 참 많이 힘들 때도 있었다.

처음 담임목사가 되었을 때는 당회를 하면 거의 새벽 1시나 2시에 마쳤다. 남편이 올 때까지 나도 잠을 잘 수가 없었다. 당회를 마치고 패잔병처럼 축 처져서 들어오는 남편을 보면 오늘은 또 무슨 일이 있었을까 가슴이 콩닥거렸다.

그때는 참 많이 힘들었지만 장로님들의 그런 지적과 조언이 자신을 키웠고 동부교회 30년 목회의 힘이 되었다고 남편은 말한다. 그리고 어디를 가나 우리교회 장로님들을 자랑하고 오늘의 자기를 키운 분들은 우리 장로님들이라고 자랑스럽게 말한다.

남편은 "장로교회는 말 그대로 장로회(당회)가 중심이 되어야 한다."고 했다. 모든 사역은 당회에서 회의를 통해 결정했다. 아무리 중요하고 꼭 하고 싶은 사역도 장로님들이 반대하시면 주장하지 않았다.

드림재단을 세울 때의 일이다. 동부교회에 부교역자 사택이 있는 70평의 땅이 있었다. 남편은 그 땅에 복지재단을 세우고 싶었다. 그 당시에는 복지재단을 설립하고 땅을 재단에 귀속시키면 국가에서 건물을 세워주는 법이 있었다. 남편은 장애인 복지재단을 짓고 본격적으로 장애인 사역을 하자고 당회에 의견을 제시했다.

그런데 모든 장로님들이 장애인 사역을 반대하셨다. 남편은 당회에서 의견을 내놓았다가 반대하시면 집어넣었다. 몇 달 후에 다시 꺼내놓고 반대하시면 다시 집어넣고 그렇게 하기를 5년간 했다. 장로님들의 생각이 조금씩 변하기 시작했고 5년이 지난 후에는 모든 장로님들이 다 동의하셨다.

하지만 그때는 이미 국가에서 건물을 지어주는 시기가 지나가 버렸다. 어쩔 수 없이 교회에서 6억의 돈을 들여 드림재단 건물을 짓게 되었지만 모든 당회원들이 찬성하여 평안 가운데 장애인 사역을 시작하게 되었다.

드림재단 설립 감사예배를 드릴 때 박장로님께서 내게 말씀하셨다.

"사모님, 목사님이 이겼습니다. 우리가 다 반대했는데 하나님께서 이 일을 기뻐하셔서 끝내는 하게 하시네요. 결국 목사님이 이겼습니다."

교회가 필요한 땅을 살 때도 절대 무리하지 않고 성도들에게 헌금에 대한 부담을 주지 않았다. 재정이 모이면 땅을 사거나 건물을 지었는데 교회를 중심으로 동쪽에는 벳새다 무료급식소, 서쪽에는 선교관, 남쪽에는 사랑관(교역자 사택), 북쪽에는 드림재단을 짓게 되었다.

남편은 "교회는 목사가 독재해서도 안되고, 한 두 사람의 장로가 주장해서도 안되고, 모든 사역은 회의(당회)를 통해 결정해야 한다. 목사는 회의를 잘 이끌어야 한다."고 말했고 그렇게 목회했다.

> 네 속에 있는 은사 곧 장로의 회에서 안수 받을 때에 예언을 통하여 받은 것을 가볍게 여기지 말며 이 모든 일에 전심 전력하여 너의 성숙함을 모든 사람에게 나타나게 하라 (디모데전서 4:14~15)

## 3. 목회 원칙과 소신

담임목사가 된 후 남편은

"목사는 등 따시고 배 부르면 절대로 안 됩니다. 목사의 생활은 그 교회 성도들의 중간보다 조금 못한 정도로, 조금 부족한 듯 살아야 됩니다."고 말했다.

그러면서 해마다 예결산위원회에서 예산을 세우고 나면 최종적으로 점검할 때 자신의 사례를 삭감시키거나 동결시킬 때가 다반사였다.

담임이 된 지 5년이 지난 후에는 교역자 사례를 가족 수 대로 한다는 규칙을 정했다. 담임목사든 부목사든 모든 사역자는 하나님 앞에서 동등하고 모든 사역이 다 소중한데 담임목사라고 많이 받을 수 없다는 생각을 했고 그대로 추진했다. 당회에서 장로님들의 많은 반대가 있었는데 그것만큼은 끝까지 굽히지 않고 밀고 나갔다.

남편은 내게도

"사모가 유치원 원장을 하면서 받을 거 다 받으면 안된다."

며 나의 월급까지도 교사들보다 낮게 책정하도록 했다.

나는 '남편이 하는 거 보니 아이들 대학공부도 못 시키겠구나.' 하고 생각을 했다. 사례는 적고 건축헌금과 감사헌금 절기헌금 등 모든 헌금은 최선을 다해 하다 보니 아이들 옷도 사촌형들에게서 물려받아 입혔고, 학원도 거의 못 보내고 키웠다. 나도 다른 사람들이 작아서 못 입는 옷을 받아서 입었다.

하지만 그렇게 살면서도 한 번도 가난하다거나 쪼들린다고 느껴보지 못했다. 성도들의 공궤함이 풍성했기 때문이었다. 성도들이 수시로 사택 문고리에 걸어놓고 가는 까만 비닐봉지에는 농사지은

파, 시금치, 나물 종류와 낚시한 갈치나 숭어도 있었고 맛있게 담근 김치와 떡 등 종류도 다양하게 들어 있었다. 뭐가 먹고 싶다고 생각할 때 성도들을 통해 절묘하게 공급해주시는 은혜도 참 많이 누리고 살았다.

남편은 은퇴할 때까지도 늘 자신의 사례에 대해 인색했지만 세월이 지난 후 내가 유치원에서 원장 월급과 수당을 정식으로 받게 되면서 조금씩 여유가 있게 되었다. 걱정하던 두 아들의 대학등록금도 교회에서 50%를 장학금으로 주셔서 빚지지 않고 공부를 잘 마칠 수 있었다.

남편은 또한 '목사는 돈, 여자, 명예를 늘 조심하고 멀리해야 한다'는 소신을 가지고 있었다. 교회의 재정 지출을 할 때 담임목사 결재란에 찍을 도장을 아예 재정부 국장 장로님에게 맡겨 지출하도록 하고 자신은 돈에 대해 내려놓았다.

남편은 정말 돈을 모르는 사람이다. 지금까지 평생 지갑을 가져보지 않았다. 필요할 때 주머니에 1~2만원 넣어가면 끝이고, 쓰다 남은 돈은 이 주머니 저 주머니에 들어 있어 세탁을 할 때는 항상 주머니를 살펴서 돈이 있는지를 확인해야 했다.

여자에 대해서도 자신만의 원칙을 엄격하게 정했다. 70세 이하의 여자와는 어떤 신체접촉이나 악수도 하지 않는다는 원칙과 여성도들의 심방과 상담에는 반드시 여전도사와 사모를 동반해서 한다는 원칙을 정해 설교시간에 선포했고 은퇴할 때까지 철저히 지켰다.

명예에 대한 남편의 원칙은, '대외적인 감투를 쓰지 말고 우리교회 목회를 잘 하자!'는 것이었다. 서재에는 남편의 생각이 담긴 '목양일념'이라는 목각판 액자가 은퇴할 때까지 걸려있었다.

남편의 이런 원칙과 소신은 자신의 입고 신는 것에도 많이 나타났다. 남편은 의도적으로 외모나 겉모습에 거의 신경을 쓰지 않았다. 비누로 머리 감고 세수하면 끝, 얼굴에 로션도 바르지 않았다. 옷이나 신발을 사는 것도 극도로 싫어했다. 나는 목사인 남편을 좀 가꾸고 깨끗한 모습으로 강단에 서게 하고 싶었는데 이렇게 서로 다른 생각과 생활의 방식으로 인해 부부갈등이 많이 생겼다.

한 번은 구두 앞면이 벌어져서 비가 오면 양말이 다 젖는데도 새 구두를 사러 가자고 하면
"괜찮아 수선해서 신으면 돼."

하면서 안 가려고 했다. 보다 못한 내가 혼자 가서 새 구두를 사오려고 구두를 뒤집어보니 밑바닥이 다 닳아서 정확한 사이즈를 알수가 없었다. 할 수 없이 신문지에 구두를 올려놓고 그려서 구두가게에 갔다.

"사장님, 여기 그려진 것과 같은 사이즈의 구두를 좀 볼 수 있을까요?"

"아니, 이게 뭡니까?"

"남편의 신발 사이즈를 알 수 없어서 그려온 거예요."

"아이고 참! 구두를 사려면 본인이 직접 와서 신어보고 사야지요."

"남편이 새 구두를 절대 안 사려고 해서 할 수 없이 그려왔어요."

"아하하하하~ 내가 30년 동안 구두장사 하면서 이런 사람 처음 봤네."

지금까지도 남편은 구두 한 켤레를 신으면 굽이 다 닳아서 균형이 안 맞을 정도가 되어도 바꾸지 않고 5~6년 이상 신는다.


양복도 계절별로 한 벌 이상 못 갖추게 하고, 양복 한 벌로 20년이상 입는 것도 있다. 이런 사정을 모르는 성도들은

"사모님, 목사님 양복 좀 바꿔드리세요."

"목사님 넥타이는 하나밖에 없어요? 맨날 똑같은 것만 매시

네요."

하는 분들도 있고 직접 넥타이 선물을 하시기도 하지만 남편은 익숙한 것, 늘 하던 것만 하려고 하고 새 옷 새 신발 새 것을 거부했다. 그러면서 하는 말씀이

"목사가 사치스러우면 안돼. 나는 양복 한 벌로 평생을 입고 싶어. 요즘은 천이 좋아서 닳거나 떨어지지 않으니 깨끗이 세탁해서 입으면 되잖아." 했다.

이런 남편 덕분에 나는 남편을 잘 챙기지 않는 사모로 오해도 많이 받았다. 하지만 반대 사례도 있는데 지금은 동부교회의 충성스런 일꾼이 된 김권사님은 처음 우리교회에 왔을 때

"목사님의 낡은 구두를 보고 감동을 받아서 등록하기로 결정했어요."

라고 하셨다.

> 누구든지 네 연소함을 업신여기지 못하게 하고 오직 말과 행실과
> 사랑과 믿음과 정절에 있어서 믿는 자에게 본이 되어 내가 이를
> 때까지 읽는 것과 권하는 것과 가르치는 것에 전념하라
> (디모데전서 4:12~13)

# 4. 하나님 중심, 성경 중심, 교회 중심의 목회

목회 초기에 남편은 여러 세미나에 다니며 하나라도 배워서 사역에 적용하려고 애썼다. 그러나 다른 교회에서는 잘 되었다는 프로그램이 우리교회에서는 별로 효과가 없었다. 그러면

"이 길이 아닌가벼~"

하며 또 다른 프로그램을 적용해 봐도 효과가 미미한 것을 여러 번 경험했다. 그 후에 남편은 목회 세미나에 다니는 것을 중단하고 우리교회의 토양에 맞는 것을 자신이 직접 만들어서 제공하기 시작했다.

하나님 중심! 성경 중심! 교회 중심!의 고신교단 정신에 맞춰서 성도들이 성경을 공부하고 말씀을 가까이할 수 있도록 하는 것에 주력했다. 매주 성경문제지를 만들어 성경을 읽고 문제를 풀며 1년 동안 1독 할 수 있도록 '바이블키 1기'를 시작했다. 성경을 배우고 싶은 많은 성도들이 동참해서 성경문제를 풀며 1년 1독을 재미있게 했다.

2기는 매일 하루에 성경 한 장을 읽으며 문제를 풀 수 있도록 3년 동안 진행했는데 400명이 넘는 성도들이 참여하여 그중에 153명이

끝까지 수료했다. 물론 사모인 나도 자신의 영적 훈련과 성도들에게 본이 되기 위해 항상 동참했다.

이후에 3기와 4기까지 많은 성도들이 참여하여 말씀의 단비를 먹을 수 있어서 행복하다는 간증이 많았다.

바이블키 외에도 성경고사, 성경퀴즈대회, 성경암송 등 다양한 방식으로 어떻게 해서든 성도들에게 바른 말씀을 많이 먹이려고 애를 썼다.


남편은 설교준비를 참 힘들게 했다. 주일 설교를 마치면 다음 주일 설교 본문을 출력해서 가지고 다니면서 새벽기도 마치고부터 수시로 본문 말씀을 묵상하고 깊이 생각했다. 금요일부터 책상에 앉아서 주석을 읽고 여러 가지 참고자료를 보면서 설교문을 작성하기 시작했는데 토요일은 하루종일 설교준비를 했다.

설교준비하는 일이 얼마나 힘들었으면 나에게

"당신은 애기 둘 낳을 때 산고를 겪고 끝났지만, 나는 매주 애기 낳는 고통보다 더한 산고를 거쳐서 설교준비를 한다."고 했다.

그렇게 해서 설교 전문을 성도들이 볼 수 있도록 '동부강단'을 만들어서 주일 예배 마친 후에 나눠줬다. 동부강단을 바탕으로 구역교재도 만들어서 구역예배 때 한 번 더 말씀을 나눌 수 있도록 했다.

이렇게 설교준비부터 구역교재와 바이블키까지 직접 만들어서 성도들에게 먹이려다 보니 남편의 머릿속은 늘 복잡했고 다른 생각을 할 여유가 없었다. 오직 하나님과 교회와 성도들을 위해 앞만 보고 달려갔다.

이런 남편을 위한 나의 기도는 언제나

"성령충만한 은혜로 말씀 준비 잘 하게 해 주셔서 성령의 능력으로 말씀 선포하게 하소서."

"성도들이 은혜받고 말씀대로 순종하며 살 수 있게 해 주소서."라는 기도와 "올바른 분별력과 판단력을 주셔서 주의 몸 된 동부교회를 잘 이끌어갈 수 있는 바른 결정을 내릴 수 있게 해주소서."라는 기도였다.

## ♤ 육체의 가시

남편은 결혼 전부터 신경성(과민성) 대장염이 있었다. 화장실이 없는 폐쇄공간에 있게 되면 자동으로 배가 아프게 되는 병이다. 전도사 때부터 설교에 대한 부담감 때문에 생기게 된 것 같았다.

강단에 올라가면 예배 마칠 때까지 화장실에 갈 수 없는 환경이 되기 때문인지 설교를 시작하기 전까지는 늘 배가 아프다고 했다.

그래서 강단에 올라가기 전에는 항상 화장실에 10분가량 앉아 있다
가 올라갔다.

언제부터인가 남편은 설교 전에 밥을 먹으면 속이 더 불편하다면
서 설교 전에는 밥을 안 먹겠다고 했다. 헌신예배 설교를 맡은 주일
은 아침과 점심까지 밥을 먹지 않고 저녁만 겨우 먹을 때도 있었다.

그렇게 전심을 다해 주일 사역을 마치고 나면 월요일에는 편두통
이 심하게 올 때가 많았다. 눈물이 줄줄 흘러내릴 정도로 머리가 많
이 아프다고 했다.

어느 날 남편이 머리가 참을 수 없이 아프고 온몸이 다 쑤시고 아
프다고 했다. 3일 동안 감기몸살약을 먹었지만 계속 통증이 더 심
해져서 병원에 갔더니 큰 병원으로 가보라고 했다.

급히 큰 병원으로 갔는데 늑막에 물이 가득 찬 결핵성 늑막염이
라고 했다. 그동안 너무 무리한 것이 병으로 나타난 것이었다.

1주일간의 입원 후에 집에서 약을 복용해도 몸이 계속 힘들고 숨
이 차서 계단을 오르기도 힘들어했다. 이로 인해 석 달 동안 주일
설교를 하지 못했다. 그 후 결핵을 잘 치료하는 B병원으로 옮겨 늑
막에 찬 물을 1.8리터나 빼고 그 후로도 1년간 결핵약을 복용하며
치료했다.

당회에서는 휴양차 조용한 곳에 가서 몇 달간 쉬고 오라고 하셨지만 내가 유치원에 매여 있어서 함께 갈 수가 없어 집에서 쉬면서 결핵을 치료했다. 하나님 은혜로 1년 만에 깨끗하게 회복되었다.

> 나에게 이르시기를 내 은혜가 네게 족하도다 이는 내 능력이 약한 데서 온전하여짐이라 하신지라 그러므로 도리어 크게 기뻐함으로 나의 여러 약한 것들에 대하여 자랑하리니 이는 그리스도의 능력이 내게 머물게 하려 함이라 (고린도후서 12:9)

## 5. 은사를 키워 동역자로

남편은 사람을 키우는 은사가 있다. 제일 처음 키워준 사람은 바로 아내인 나 신애숙이다. 남편은 결혼하고 얼마 지나지 않아 아내가 집안일에는 은사가 없다는 것을 알게 되었다. 집안일을 잘 하고 목회의 내조도 잘 하는 사람을 만났으면 참 좋았겠지만... 그렇지 않다는 것을 알았을 때 얼마나 실망스러웠을까!

그러나 남편은 실망에 그치지 않고 나의 은사를 키워주기 시작했다. 어린이 사역에 은사가 있는 아내가 새소식반을 하기 시작했을 때 교재를 색칠하고 오리고 붙이는 것을 열심히 도와줬다. 어린이 전도를 할 때도 집을 개방하여 많은 어린이들이 와서 복음을 들을 수 있도록 응원해줬다.

두 아들이 어릴 때 어린이전도협회의 '3일 클럽 선교사훈련'으로 일주일간 집을 비우게 됐을 때 기꺼이 보내주고 아이들을 돌봐줬다. 유치부 강습회나 유치원장 연수나 가정사역 공부할 때에도 운전기사 노릇을 자처하여 열심히 밀어주었다.

오늘의 내가 있기까지 첫째는 하나님 은혜이고 그 다음은 남편 덕분이라는 것을 나는 잘 안다. 남편은 나를 키워서 동부교회에서 함께 사역하는 동역자로 잘 사용했다.

## ♤ 동역자들과 함께 한 행복한 목회

남편은 박종현목사를 키워서 자신의 가장 좋은 동역자로 세웠다. 박목사님은 전도사 때부터 진해 밀알장애인선교회 단장으로 사역을 하고 있었다. 남편은 후원을 받아 운영하는 장애인선교 단체가 교회 밖에서 집세를 주고 있는 것을 안타깝게 생각하여 동부교회 안으로 들어오게 했다.

그 다음 해인 1998년에는 박종현 전도사를 동부교회의 부교역자로 받아들여 발달장애 아동부서인 사랑부 예배를 시작하게 되었다.

점점 장애인 사역이 확장되자 동부교회는 2005년에 사회복지법인 드림재단과 장애인 사역연구소를 설립했다. 5층으로 된 복지관도 건축했다. 박목사를 드림재단 사무국장으로 세우고 대학원에서 사회복지학 공부를 할 수 있도록 학비를 지원했다. 박종현 목사를 복지 전문가로 키워서 동부교회의 큰 사역의 축인 장애인사역이 세워지기까지 23년간 함께 동역하며 행복한 목회를 할 수 있었다.

남편은 이정일목사의 따뜻하고 온유한 성품을 알고 그를 불러서 가장 적합한 사역을 맡겼다. 이목사님은 청년 때에 밀알선교회에 봉사활동을 하러 갔다가 조난주간사와 결혼하여 동부교회로 함께 나오게 되었다. 두 부부는 동부교회의 집사로 임명받아 사랑부 사역을 헌신적으로 섬기기 시작했다. 얼마 후 이정일집사는 고신대학 신대원에서 신학공부를 시작했고 목사안수를 받은 후 대구의 한 교회에 부목사로 갔다.

10여년의 세월이 흐르는 동안 동부교회 드림재단 사역이 더욱 확산되었고 중증장애인 생활 시설인 하늘정원을 설립하게 되었다. 남편은 그 시설을 누구에게 맡길까 생각하며 기도하는데 이정일 목사 부부가 떠올랐다. 마침 명절이 되어 인사하러 온 이정일목사를 붙들고

"이목사가 예전에 장애인 사역에 헌신하겠다고 했던 생각이 지금은 어디로 갔는가? 지금 목사가 넘쳐나는 한국교회에서 또 한 사람의 목사로 지내다가 담임목사 자리가 나면 갈 것인가? 아니, 하나님 앞에서 결심했던 장애인 사역을 위해 이제 동부교회로 돌아와야 할 때가 아닌가?"

라고 진지하게 이야기했다.

기도해 보겠다고 대답하고 대구로 돌아갔던 이목사 부부는 응답을 받고 동부교회로 오게 되었다. 하늘정원의 시설장을 맡아 지금까지 12년째 정말 헌신적으로 섬기고 있다.

그분들의 헌신으로 하늘정원은 좋은 시설 속에서 30명의 중증장애인들이 20여명의 복지사들의 섬김으로 아름답고 행복한 생활 시설이 되었다. 하늘정원 시설장이면서 동부교회 초등부 교역자로 헌신하며 10년간 함께 사역한 이정일 목사도 남편의 귀한 동역자였다.

남편은 문경구목사를 청소년 전문 사역자로 키웠다. 문목사님이 학생회 담당목사로 사역하면서 동시에 청소년 전문가로서의 공부를 할 수 있게 했다. 더많이 성장할 수 있도록 외부 수련회와 세미나의 강사로 나서는 것도 허락해주었다. 또한 교회 밖의 청소년들을 만나기 위해 진해 석동공원에서 금요일 저녁마다 청소년들에게 라면을 끓여주며 복음을 전하는 10대 라면 사역을 시작하게 했다.

지금은 전국에 61호점까지 확산되어 청소년 사역자들이 곳곳에서 교회 밖의 청소년들에게 라면을 끓여주며 그들에게 다가가는 사역을 하고 있다. 문목사님은 동부교회 청소년교역자로 10년간 사역하다가 지금은 사천의 한 교회 담임목사로, 청소년사역자로 변함없이 사역하고 있다.


남편은 부목사가 부임해오면 그분의 은사가 무엇인지 살펴본다. 그리고 자신의 은사대로 사역할 수 있도록 밀어주고 그 사역에 평생을 바칠 수 있도록 조언하고 함께 주의 몸 된 교회를 섬기는 것을 기쁘게 여겼다.

## ♠ 사모도 소중한 사역자

남편은 또

"교회 안에서 사모들만큼 비효율적으로 방치된 사람들이 없다. 결혼 전에 교회 여자 청년들 중에서 가장 충성 된 사람들이 사모가 되는데 결혼 후에는 사모라는 이유로 교회에서 아무 일도 안 하는 것은 사모의 은사를 썩히는 일이다."

하면서 부교역자 사모들도 은사를 따라 사역할 수 있도록 격려했다.

수화통역을 배우고 싶어 했던 장경주(박종현 목사)사모가 1년간 청각장애인 예배가 있는 교회에 주일 출석하면서 수화통역을 배울 수 있도록 배려했다.

장사모는 수화통역사 자격을 따고 지금까지 동부교회의 청각장애인들을 위한 수화통역 사역을 잘 하고 있다. 거기에 더해 장애인 가족상담학을 공부하여 박사학위를 받고 계명대학에서 교수사역을 하고 있다.

결혼 전에 밀알장애인선교회의 간사였던 조난주(이정일목사)사모도 부부가 함께 장애인 사역을 잘 할 수 있도록 누구보다 기뻐하며 격려하여 하늘정원에서 헌신적으로 사역하고 있다.

고등학교 국어교사였던 최지은(강동완목사)사모가 '어? 성경이 읽어지네' 공부를 마쳤을 때 남편은 천군만마를 얻은 것처럼 기뻐했다. 교회 안에 로고스 성경통독원을 개설하여 최사모를 원장으로 세우고 강의를 개설할 수 있도록 했다. 그 후 최사모는 '어? 성경이 읽어지네' 성경통독사역을 활발하게 잘 진행했다.

남편은 다른 사람들의 은사를 발견하고 세워주는 일을 잘 하는 반면에 정작 자신은 의지가 약하고 끈기가 없어서 지속적으로 끌고 나가는 힘이 부족하다. 끝까지 해내는 것이 별로 없다.

아직도 소년 같은 순수함으로 안팎이 투명해서 때로 아이 같은 모습도 종종 보인다. 이런저런 단점이 있지만 나는 남편을 목사로서 참 존경한다.

바른 목회신념을 가지고 하나님 앞에서 정직하고 성실하고 겸손하게 40년 목회 길을 한결같이 걸어온 남편의 삶을 가장 가까이에서 지켜봤던 한 사람으로서 말이다.

> 우리가 한 몸에 많은 지체를 가졌으나 모든 지체가 같은 기능을 가진 것이 아니니 이와 같이 우리 많은 사람이 그리스도 안에서 한 몸이 되어 서로 지체가 되었느니라 (로마서 12:4~5)

## 6. 살아도 감사! 죽어도 감사!

　몇 년 전 추수감사절에 '100가지 감사제목 적기' 숙제가 있었다. 많은 성도들이 동참하여, 기록한 사람이나 읽는 사람이 다 은혜가 되었다. 남편의 감사제목을 보면 그가 살아온 삶이 보이고 그 인생 길에 함께 하신 하나님의 손길이 느껴진다. 어쩌면 내가 지금까지 남편에 대해 쓴 글보다 더욱 김기해라는 사람을 잘 알 수 있는 글이라 여기에 옮겨본다.

### ♧ 추수감사주일 감사제목 쓰기 ♣

김기해목사

1. 믿는 부모님의 가정에서 태어나고 성장할 수 있어서 감사

2. 아름다운 고향 울릉도에서 태어난 것을 감사

3. 언제 가도 나를 반겨 줄 수 있는 고향 교회와 고향의 믿음 친구들이 있어서 감사

4. 중학교 때 부산에서 시작한 유학 생활을 끝까지 지켜 주심에 감사

5. 믿음의 길에서 한 번도 이탈하지 않게 지켜 주심에 감사

6. 지금까지 내 인생에서 마음에 어떤 것으로든지 상처가 남아 있지 않음에 감사

7. 고신대학교에서 기독교교육학을 공부할 수 있어서 감사

8. 고려신학대학원 41기 동기들로 인하여 늘 감사

9. 수많은 삶의 영역 가운데서도 목사의 길을 걷게 하심을 감사

10. 고신교회의 목사 된 것을 감사

11. 22세 때 교육전도사로 시작해서 61세가 되기까지 40년간 한 길 걷게
    하심을 감사

12. 부모님을 모시고 살 수 있는 기회를 주심에 감사

13. 진해동부교회 한 교회에서 30년간 목회할 수 있어서 감사

14. 그동안 안식년(5개월, 3개월)을 두 번이나 가질 수 있어서 감사

15. 그동안 교회가 아름답게 성장할 수 있게 하심을 감사

16. 진해동부교회가 지역과 교단 안에서 좋은 교회로 본 보이게 하
    심을 감사

17. 그동안 크고 작은 일들 중에서도 교회와 나를 지켜 주심에 감사

18. 지금까지 한 번도 변치 않고 우리 교회를 사랑할 수 있는 마음을 주
    셔서 감사

19. 지금까지 좋은 장로님들과 동역할 수 있어서 감사

20. 동부교회를 통하여 수많은 보석같은 형제 자매들을 만날 수 있
    어서 감사

21. 좋은 부교역자들과 동역할 수 있어서 감사

22. 좋은 권사님들, 집사님들과 한 가족으로 30년을 살게 하심을 감사

23. 예배당을 아름답게 리모델링하게 하심을 감사

24. 매일 새벽기도회 하는 지하실에 심야전기가 있어서 추운 겨울에도 따뜻하게 하심을 감사

25. 태국에 선교사(김치선,김경연)를 파송하여 교회를 세우고 섬기게 하심을 감사

26. 동부노인대학을 2005년도에 설립해서 지금까지 운영하게 하심을 감사

27. 벳새다무료급식소를 1997년부터 지금까지 운영하게 하심을 감사

28. 사회복지법인 드림재단을 설립해서 장애인사역을 할 수 있어서 감사

29. 장애인들의 마음을 조금이나마 이해할 수 있게 하심을 감사

30. 뿌리깊은 나무와 같은 박종현목사와 함께 사역할 수 있어서 감사

31. 착하고 설교 잘하는 이정일목사와 함께 사역할 수 있어서 감사

32. 맑고 밝은 마음과 넉넉하고 푸짐한 박윤숙간사와 함께 사역할 수 있어서 감사

33. 한 번도 교회의 누구로부터 배척당하지 않음에 감사

34. 한 번도 당회원들의 마음이 나누어지지(파당/분쟁) 않았음에 감사

35. 건강 주심에 감사

36. 지금까지 큰 사고나 큰 수술을 하지 않고 살게 하심에 감사

37. 찬양의 은사를 주심에 감사

38. 설교할 때보다 찬양할 때가 훨씬 기쁨이 되는 것이 감사

39. 피아노로 찬송가를 반주할 수 있어서 감사

40. 탁구를 잘 칠 수 있어서 감사

41. 사진을 잘 찍을 수 있는 은사를 주셔서 감사

42. 사진을 통하여 모든 사람, 모든 사물들을 아름답게 볼 수 있도록 훈련 시켜 주셔서 감사

43. 음식을 잘 만들 수 있는 은사 주셔서 감사

44. 손재주를 주셔서 무엇이든지 잘 만들 수 있게 하심을 감사

45. 우리집 가훈으로 정직, 성실, 겸손의 가치를 붙들 수 있게 하심에 감사

46. 돈의 유혹에 빠지지 않게 하심을 감사

47. 이성의 유혹에 빠지지 않게 지켜 주심을 감사

48. 명예의 유혹에 빠지지 않게 보호해 주심을 감사

49. 30년간 동부교회 주보를 편집(편집장)할 수 있어서 감사

50. 사랑관 301호에서 21년을 열심히 살게 하심을 감사

51. 은퇴를 앞두고 좋은 집을 주셔서 감사

52. 아름다운 삶의 환경(뒷산 드림로드와 시루봉)을 주심에 감사

53. 월드비전에서 창원지회장으로 섬길 수 있게 하심을 감사

54. 부족한 설교인데도 성도들이 은혜받고 성장할 수 있어서 감사

55. 한 승용차를 20년 가까이 탈 수 있게 하심을 감사

56. 지금까지 무사고 운전하도록 보호해 주심을 감사

57. 교역자 생활비를 가족 수대로 정하고 실천할 수 있게 해 주심을 감사

58. 감사함으로 은퇴를 결심하게 하심을 감사

59. 만 60세, 아직 비교적 건강할 때에 은퇴할 수 있음에 감사

60. 남은 삶은 더 효과적으로, 더 아름답게 교회를 섬길 수 있도록 인도해 주실 것에 감사

61. 은퇴를 앞두고 박종윤목사를 후임목사로 청빙할 수 있게 하심을 감사

62. 은퇴 후의 생활을 염려하지 않게 해 주심을 감사

63. 신애숙을 아내로 짝지어 주심을 감사

64. 나의 부족한 부분을 지혜롭게 채워 줄 수 있는 아내를 주심에 감사

65. 아내의 몸도 마음도 아름답게 지켜 주심에 감사

66. 연약한 몸이지만 열정적이고 능력있는 아내를 주심에 감사

67. 아내와 함께 목회의 가장 소중한 동역자의 길을 걷게 하심을 감사

68. 아내와 한 몸, 한 마음을 가질 수 있어서 감사

69. 지금까지 29년간 아내가 유치부 부장으로 아이들에게 설교할 수 있게 하심을 감사

70. 아내가 유치원 원장으로 27년간 어린아이들에게 설교하게 하심을 감사

71. 아내가 동부유치원의 원장으로 아이들과 교사들에게 존경받게 하심을 감사

72. 아내가 유치원에서 월급을 받을 수 있어서 감사

73. 아내가 동부노인대학에서 진리탐구 교수로 15년간 헌신하게 하심을 감사

74. 아내를 행복한가정사역원 원장으로 세워주시고 여러 세미나를 인도할 수 있게 하심에 감사

75. 두 자녀를 나보다 더 세밀하게 양육한 아내로 인하여 감사

76. 아내와 함께 피아노 앞에 앉아 하나님을 찬양하는 기쁨을 주심에 감사

77. 아내가 우쿨렐레를 배울 수 있어서 감사

78. 아내가 오카리나를 배울 수 있어서 감사

79. 아내를 위하여 기쁨으로 식탁을 준비할 수 있는 마음을 주셔서 감사

80. 내가 만든 반찬을 맛있게 먹으니 감사

81. 어떤 면엔 나와 비슷해서 감사

82. 어떤 면엔 나와 달라서 감사

83. 사치하지 않으니 감사

84. 시부모님 잘 모셔주었으니 감사

85. 시동생들 데리고 함께 살아주었으니 감사

86. 지금까지 나랑 살아주니 감사

87. 키 작아도 감사

88. 빼빼해도 감사

89. 나이들어 목에 주름이 있어도 감사

90. 아파도 감사

91. 미워도 감사

92. 하루를 안 봐도 보고 싶으니 감사

93. 아내를 사랑하는 마음이 변하지 않게 지켜 주심에 감사

94. 다시 태어나도 신애숙과 한 몸으로 살고 싶은 마음을 주심에 감사

95. 두 아들을 우리 가정에 선물로 보내주심에 감사

96. 아들들이 건강하게 잘 자라게 하심을 감사

97. 아들들이 주안에서 믿음 가운데 성장하게 하심을 감사

98. 아들들을 양육하면서 기쁨과 행복을 누릴 수 있게 하심을 감사

99. 아들들로 남아공에서의 6년간 유학 생활을 하게 하시고 끝까지 지켜 주셨음에 감사

100. 아들들이 영어를 잘 할 수 있게 하심을 감사

101. 특히 지호는 영어와 스페인어를 잘 할 수 있어서 감사

102. 두 아들 모두 한동대학교에서 공부하게 하심을 감사

103. 장호가 네이버에 취업하고 지금까지 인정받고 일 할 수 있게 하심에 감사

104. 지호가 세아상역에 취업할 수 있게 인도하심을 감사

105. 지호가 과테말라 직장에서도 건강하게 총무의 일을 잘 하게 하심을 감사

106. 지호가 그곳에서도 교회의 청년회 회장으로 섬기게 하심을 감사

107. 두 아들 모두 하나님을 경외하고 부모에게 효도할 수 있게 하심을 감사

108. 하루 하루를 기도로 시작하게 하심을 감사

109. 지금까지 사람이나 환경 때문에 큰 어려움을 당하지 않게 하심을 감사

110. 사랑의 빚 외에 돈의 빚을 지지 않고 살게 하심에 감사

111. 지금까지 하나님의 말씀을 묵상할 때에 주의 마음을 깨닫게 하심을 감사

112. 지난날 여러 가지 질병에서도 지켜 주심에 감사

113. 양 손가락에 심한 류마치스 관절염 통증이 있었는데 고쳐 주심에 감사

114. 젊은 시절 심한 축농증을 고쳐주심에 감사

115. 위궤양을 고쳐주심에 감사

116. 심한 편두통을 고쳐주심에 감사

117. 10년 전 폐결핵을 완전히 고쳐 주심에 감사

118. 아직도 과민성대장으로 인한 불편한 증상이 있지만 잘 견디고 있음에 감사

119. 15년도 넘게 이명이 있지만 잘 적응하게 하심을 감사

120. 나 자신에 대한 건강한 자아상, 바른 가치관을 주셔서 감사

121. 다른 사람들을 대할 때에 항상 긍정적이고 좋은 면을 볼 수 있는 마

음을 주심을 감사

122. 이제는 이 땅보다 천국에 들어갈 소망이 차오름으로 인해 감사

123. 인생의 과거를 돌아보면 감사한 것 밖에 없음에 감사

124. 인생의 현재를 살펴보아도 감사한 것 뿐임에 감사

125. 인생의 미래를 생각해 보아도 감사할 것 뿐임에 너무나도 감사

126. 이래도 감사

127. 저래도 감사

128. 살아도 감사

129. 죽어도 감사

130. 아무리 생각해 보아도 감사할 것 뿐임에 감사


내게 주신 이 모든 은혜를 무엇으로 보답할까

이 모든 영광을 오직 나를 창조하시고 구원하시며 사랑해 주신 삼위 하나님께 올려 드립니다. 하나님 정말 감사합니다


## ♧ 사랑과 존중의 두 바퀴로

자녀들이 일찌감치 우리의 품을 떠났고, 은퇴를 하고 보니 가장 친한 친구가 남편이다. 어쩌다 황당한 결혼으로 시작하게 되었고 서로 다른 성향으로 힘들기도 했다. 그래도 돌아보면 남의 편으로

마음 아파했다가도 내 편으로, 서로를 응원하는 응원군으로 인도하심에 감사드린다.

지금도 남편은 계절이 바뀌면 비록 훤칠한 모델은 아니지만 키 작은 나를 모델 삼아 이곳저곳으로 다니며 카메라에 담아 주신다. 내가 나다울 수 있도록 이끌어준 남편에게 감사를 전한다. 사랑과 존중의 두 바퀴로 주님 허락하신 시간표까지 아끼며 살아가길 소망한다.

> 여호와께 감사하라 그는 선하시며 그 인자하심이 영원함이로다
> (시편 136:1)

# 4부
## 사모 플러스 유치원 원장

# 1. 사모의 자리로 돌아가리라

처음 진해동부교회로 부임했을 때 교회 안에 유치원이 있는 것을 보고 참 기뻤다. 두 아이를 교회부설 유치원에 보낼 수 있게 되었기 때문이다. 7월 첫째 주에 부임하자마자 다섯 살이었던 큰 아들을 유치원에 입학시켰다. 그때 동부유치원에는 2학급 30여명의 원아들이 있었다.

유치원 교사 시절에 120명이 넘는 유치원에서 40명의 유아를 담임으로 맡았던 나는 교사 대 아동 비율이 적은 아담한 동부유치원이 무척 마음에 들었다. 그런데 정작 교회에서는 유치원 운영이 너무 힘들어 문을 닫을까를 고민하고 있다고 했다.


'우리 아이들이 교회부설 유치원을 계속 다녀야 할텐데...유치원 문을 안 닫았으면 좋겠다.'

고 생각하고 있던 내게 어느날 남편이 말했다.

"여보, 당회에서 당신이 유치원 운영을 좀 맡아주면 안되겠나 하시던데 당신 생각은 어떻소?"

"네, 내가요? 나는 유치원교사 밖에 안 해봤는데 운영이라니요? 그리고 사모인 내가 어떻게 그런 일을 할 수 있을까요?"

"지금 유치원에 원아 수가 적어서 운영이 잘 안 된다네. 장로님들은 유치원이 어떻게 돌아가는지도 모르시고 한 번씩 학부모 민원도 들어오고 하니까 차라리 문을 닫을까 생각하고 계셨다네. 마침 당신이 유치원교사 출신이라는 걸 아시고 1~2년 정도 유치원 체계만 좀 세워주면 좋겠다 하시는데..."

"아이구, 난 못해요."

"그래도 기도해봅시다."

부목사로 있던 남편이 젊은 나이에 담임목사가 되자 갑자기 담임목사 사모가 된 나는 무거운 짐을 어깨에 진 것 같은 마음이었다. 그런데 유치원 운영까지 맡는다면? 아이들도 아직 어리고 내 몸도 많이 약해서 집안일과 아이들 돌보는 일만 해도 벅찬데...

현실을 생각하면 도저히 불가능했다. 그런데 기도하면 할수록 우리교회 부설유치원인데 잘 운영될 수 있도록 돕는 것이 담임목사 사모인 내가 해야 할 일이라는 생각이 들었다.

그래서 1~2년 정도 유치원 체계가 세워지면 나는 사모의 자리로 돌아간다는 생각을 가지고 유치원에 발을 내딛게 되었다.

교회에서는 심권사님을 원장으로 세워서 기도로 유치원을 세워가도록 하고, 사모인 나를 원감으로 세워 원 운영을 하도록 맡겨주셨다. 나는 이사장이신 정장로님께 말씀드려 교회 재정으로 교실

리모델링과 교재교구를 보충해주시기를 요청했다. 그리고 원아모집 전단지를 만들어 신문에 끼워 광고를 하기 시작했다.

첫해에 65명의 원아들이 모였고 그 다음 해부터는 해마다 정원인 80명을 거뜬히 채우게 되었다. 덕분에 유치원 재정이 넉넉하게 되고 운영이 잘 되게 되었다.

아무것도 모르는 사모가 원운영을 맡게 되었으니 하나님께서 특별히 간섭하시고 인도해 주신 은혜였다.

다음으로 내가 한 일은 교사 시절에
'내가 원장이 되면 절대로 저렇게 하지 않을거야.'
라고 생각했던 것들을 하나씩 바꿔가기 시작했다.

그 당시 유치원에는 학부모로부터 받는 잡부금이 많았는데, 일체의 잡부금을 없앴다. 예산을 세우고, 수입과 지출을 기록하는 장부 정리는 원감인 내가 하고, 예산에 따라 지출하고 수입금을 은행에 예치하는 돈 관리는 주임교사에게 맡겨서 재정관리를 투명하게 했다.

다음으로는 자모회를 없앴다. 유치원 자모회 임원을 맡은 학부모들의 치맛바람과 입김이 많이 작용하고 교사들에게도 영향을 미치기 때문이다.

　교사들에게는 학부모가 주는 어떤 봉투나 선물도 받지 않는 것을 원칙으로 정하여 교육하고, 부모교육 시간에 학부모들에게 발표하고 가정통신문에도 알렸다.

　교사들의 월급을 높이고 수당까지 책정해서 유치원교사로서의 자부심을 가질 수 있도록 했다. 만 3~ 5세인 유아들을 가르치는 일은 정말 힘들고 어려운 일이다. 교육 외에도 수많은 잡무에 시달리는데 반해 당시 사립유치원 교사들은 아주 박봉이었기 때문이다.

　그러나 나는 3년 동안 판공비 정도만 받고 봉사직으로 일했다. 몇 년 후에 내가 유치원 일을 계속하지 않으면 안 될 상황이 되자, 이사회에서 호봉대로 월급을 받을 수 있도록 결정해 주셨다.

무슨 일을 하든지 마음을 다하여 주께 하듯 하고
사람에게 하듯 하지 말라 (골로새서 3:23)

## 2. 교회부설 유치원의 정체성

나는 동부유치원의 정체성을 예배에 두었다. 매일 수업을 시작할 때 기도로 시작하고 수요일마다 예배를 드렸다. 설교자료는 어린이전도협회의 새소식반 융판교재를 사용했다.

1년은 구약을, 1년은 신약을 재미있게 이야기로 전하는 중에 구원의 메시지와 그리스도인으로서 바르게 살 수 있도록 핵심진리를 전했다.

매주 수요일에 예배를 드리자 어느 날 한 학부모가 찾아왔다. 목에는 아주 큰 불교 목걸이를 걸고 있었다.

"원감선생님, 유치원에서 수요일마다 예배를 본다던데 그건 안했으면 좋겠어요. 여긴 유치원이잖아요. 여러 종교를 가진 사람들이 있는데 기독교 예배를 강요하는건 아닌거 같아요."

"아.. 동수(가명)어머니, 우리유치원은 교회부설 유치원이고 교회에서 유치원을 운영하는 목적이 어린이들에게 하나님 말씀을 전하기 위해서입니다. 죄송하지만 저희는 예배를 포기할 수는 없습니다."

이런 대화를 나눈 후 그 학부모는 아이를 유치원에 보내지 않았다. 그 후로는 한 번도 예배드리는 것에 불만을 표시한 학부모가 없었다. 해마다 80명 원아 중에 30명 이상은 불신가정이었는데도 긍정적으로 받아들이고 아이들을 보내주셨다.

아이들은 정말 순수하다. 말씀을 전하면 그대로 받아들이고 믿는다. 지원이는

"엄마도 예수님 믿어야 천국갈 수 있어요. 나 혼자 천국가면 안돼요. 엄마, 나랑 교회 가요."

하면서 눈물을 흘린다고 했다. 지원이 엄마는 항상 목에 불교 목걸이를 걸고 다녔다. 학부모로서 유치원에 올 때도 보란 듯이 아주 굵은 절 표시의 금목걸이를 하고 왔다.

그러면서도 그녀는 아들 현식이를 3년간 우리 유치원에 보냈고 딸 지원이까지 3년간 변함없이 보내며 두 아이 모두 유치부에도 보냈다.

아이들이 유치원을 졸업한 후에도 이웃 사람들에게 동부유치원을 많이 소개하여 유치원 홍보대사의 역할을 톡톡히 해주셨다.

집에서 밥 먹을 때 엄마 아빠도 같이 기도해야 한다면서 온 식구가 기도를 해야 밥을 먹을 수 있게 됐다고 말해주는 학부모도 있었고 아빠가 술을 마시고 오시면

"아빠, 예수님 안 믿고 술 마시면 지옥 가요. 아빠도 술 끊고 같이

교회 가요."

하고 말해서 아빠가 아이들 예수쟁이 만든다고 동부유치원에 보내지 말라고 한다는 이야기를 전해주는 학부모도 있었다. 그래도 졸업할 때까지 3년간 잘 다녔다.

이 다음에 크면 목사님이 되겠다는 아이들도 있었고 선교사님이 되겠다고 말하는 아이들도 있었다. 해마다 유치원에서 20명~30명씩 동부교회 유치부로 출석하게 되었는데 지금쯤 그 아이들이 어떻게 자랐는지 나는 잘 알지 못한다. 하지만 어릴 때 들었던 하나님 말씀이 언젠가 그 아이들의 마음속에서 싹이 나고 열매로 맺힐 날이 올 거라고 믿으며 한 사람 한 사람 하나님께서 반드시 찾아주시기를 기도한다.

## ♠ 이 땅에서 나의 상급인 기훈이(가명)

그 당시 유치원들은 장애아동이 입학하는 것을 꺼렸다. 교사 대 아동 비율이 높았고 보조교사가 없는 환경에서 장애아가 있게 되면 교사가 아주 힘들기 때문이다. 그런데 교회부설유치원 조차도 장애아 입학을 회피하면 그 아이들은 어디로 갈 것인가? 나는 교사들과 의논해서 장애아 입학을 허락했다.

해마다 한 두 명의 장애 아동이 입학을 했고 선생님들의 사랑 속에서 잘 교육받으며 조금씩 자라갔다.

기훈이도 그 중에 한 명이었다. 기훈이는 6세 때 우리유치원에 입학했는데 자폐 장애가 심했다. 교실에서 소리를 지르며 뛰어다니고 견학을 가면 자기가 가고 싶은 대로 뛰어다녀서 위험한데 못 가도록 쫓아다니느라 진땀을 빼기도 했다. 유치원 통학차를 타면 모든 간판을 기계적으로 읽었다.

8세까지 3년간 동부유치원에 다녔는데 마지막 해 동요발표회 할 때 가사 하나 틀리지 않고 음정도 정확하게, 예쁜 목소리로 독창을 해서 기훈이 어머니도 울고 나도 울었던 기억이 아직도 선명하다.

기훈이 어머니는 아이를 동부유치원에 보내면서 교회에 나오게 되었고 지금은 동부교회 집사로 섬기고 있다. 35세가 된 기훈이도 주일 성수 잘 하고 믿음 안에서 살고 있다.

기훈이는 어머니의 헌신적인 뒷받침과 하나님의 은혜로 자폐도 많이 좋아져서 대학을 졸업하고 장애인 취업 일자리에서 일하고 있다.

은퇴를 앞둔 어느 주일날 기훈이가 내게 와서 말했다.

"저.. 물어볼 말이 있는데요 목사님 은퇴하시면 사모님은 어떻게 하실 거예요?"

"응, 나도 같이 은퇴해야지."

"사모님, 30년 동안 다음 세대를 위해 유치부에서, 유치원에서 수고하신 헌신을 하나님 앞에 가시면 큰 상급으로 받으실거예요."

"아이구! 기훈아, 그렇게 말해주니 참 고맙구나. 기훈이가 이 땅에서 내 상급이란다."

기훈이의 말은 어떤 미사여구보다 감격스러운 말이었다. 유치원과 유치부에서 말씀 전해준 것을 기억하고 나에게 이렇게 축복의 말을 해주다니! 우리 기훈이가 이렇게 자랐구나 싶은 생각을 하니 정말 기뻤다.


그 후에 기훈이 어머니를 통해 전해 들었는데 심권사님이 소천하셨을 때도 자기가 유치원 다닐 때 원장님이어서 찾아 뵈어야 한다며 혼자서 장례식장에도 찾아갔다고 한다. 기훈이처럼 바른 인성으로 잘 자란 아이들이 바로 이 땅에서 나의 상급이다.


## ♧ 유관이는 지금쯤?

어느 날 원무실 문이 벌컥 열리더니 두 아이가 문밖에 서있었다.

온통 새까맣게 때가 묻은 옷을 입고 머리는 헝클어지고 누런 코를 11자로 흘리며 원무실 안을 살피는 것이었다.

"어머! 너희들은 누구니?"

"유과이."

"유과이? 유과이가 이름이야?"

"네, 김유관(가명) 형아는 김진성.(가명)"

"그래? 너희들 어디서 왔니?"

"이사왔어요."

아이들은 유치원에서 아주 가까운 곳에 이사를 왔다고 했다. 그 후로 매일 아침 일찍부터 두 아이들은 추운 겨울인데 양말도 신지 않고 얇은 옷을 입고 유치원 놀이터에서 놀고 있었다. 아침에 나오면 거의 저녁 늦게까지, 점심은 교회 무료급식소에서 얻어먹고 놀이터와 교회 주변을 둘이서 돌아다녔다.

어느 날 유치원 아이들이 허겁지겁 뛰어와서

"원장선생님, 저 아이가 칼을 가지고 와서 우리를 찔러 죽인다고 했어요. 무서워요."

하는 것이었다. 깜짝 놀라 뛰어나갔더니 유관이가 미끄럼틀에 앉아 있었다.

"유관아, 너 이 칼 어디서 가지고 왔니?"

"집에서요."

"칼을 뭐하려고 가져왔어?"

"아이들 찌르려구요. 저 아이들이 나보고 더럽다고 오지 말라고 했어요. 내가 말하면 입냄새 난다고 저리 가라고 했어요."

"아이들이 그래서 화가 났구나. 그런데 칼은 정말 위험한데 이거 가지고 올 때 엄마는 뭐라 안하셨니?"

"엄마는 자고 있어요."

"그럼 지금 선생님하고 같이 집에 가보자. 선생님이 엄마를 한 번 만나야겠어. 진성아, 너는 먼저 가서 엄마한테 선생님 오신다고 말씀드려라."

하고 나는 유관이 손을 잡고 집으로 갔다. 유관이 엄마는 방금 일어난 부스스한 모습으로 급히 방을 치우고 있었다.


"유관이 어머니, 저는 동부유치원 원장입니다. 유관이가 유치원 아이들 찌를 거라고 놀이터에 부엌칼을 가지고 왔어요. 어머니는 모르셨어요?"

"네, 제가 자느라고 못봤어요."

"아이를 이렇게 방치하시면 안됩니다. 유관이가 여섯 살인데 유치원에서 배우고 친구들과도 어울릴 수 있도록 우리 유치원에 입학시켜주세요."

유관이 엄마는 다방 마담이었는데 밤늦게까지 남자들과 술을 마시고 대낮까지 잠을 자고 아이들을 전혀 돌보지 않았다. 요즘 같으면 아동학대로 신고를 해야 할 정도로 아이들을 방치했다.

집에서 음식을 거의 하지 않고 천 원짜리 몇 장 손에 쥐어줘서 배고프면 사 먹으라고 하고 옷은 언제 빨았는지 모를 정도로 땟국물이 흘렀다. 씻기지도 않아서 손과 발에 때가 새까맣게 눌어붙었고 말을 하면 입냄새가 너무 심했다.

나는 유관이 엄마에게 교육비 50% 감면의 혜택을 주고 유치원에 입학시키도록 했다. 아이들 양육에 조금이라도 책임감을 가지게 하기 위해 전액 감면을 해주지 않았다. 2학년인 진성이도 학교에 계속 결석시키고 있었는데 학교에 보내야 한다고 이야기했다.


그 다음 날부터 진성이는 학교에 가고 유관이는 유치원으로 오게 되었다. 그런데 전혀 씻기지 않고 그대로 보냈기 때문에 아침에 유치원에 오면 담임선생님이 양치시키고 세수하고 발도 씻게 했다.

어떤 날은 우리유치원 통학차량 운전을 하셨던 강장로님께서 두 아이를 목욕탕에 데리고 가서 깨끗이 씻겨오기도 했다. 유치원에 다니면서 유관이의 겉모습은 조금씩 깨끗해졌지만 입만 벌리면 깜짝 놀랄만한 욕이 습관적으로 튀어나왔다.

같은 반 친구들은 한 번도 들어보지 못한 욕에 깜짝 놀라서 선생님께 일러주기 바빴다. 담임선생님이 유관이의 언어습관을 고치려고 무던히 애를 쓴 결과 두 세달이 지나니 많이 순화되었다.

유치원에 보낸 뒤 예상은 했지만 유관이 엄마는 교육비 납부일이 지나도 내지 않았다. 월말이면 서무선생님이 미납자에게 전화를 했지만 유관이 엄마만큼은 내가 직접 전화를 해서 언제까지 납부할건지 약속을 받아내고 그 날짜가 넘어가면 오후에 다방으로 찾아갔다.

"유관이 어머니, 교육비 납부하겠다는 날짜가 지나서 찾아 왔습니다."

"아, 원장님 오늘은 돈이 없는데 내일 드릴게요."

"유관이 어머니, 전화할 때도 내일 내일 하고 임시방편으로 그 시간만 모면하려 하셨잖아요. 그러지 마시고 진짜 납부할 수 있는 날짜를 말씀해주세요."

그렇게 약속을 받아내고 그 날짜가 되면 아침에 다시 전화를 했다.

"유관이 어머니, 오늘 교육비 납부 약속하신 날입니다. 약속지켜주세요."

나는 유관이 엄마가 엄마로서 최소한의 책임감이라도 가지게 하기 위해 좀 심하다 싶을 정도로 밀어붙였다. 그렇게 해서 2개월치 교육비는 받았지만 그 후로는 다시 미루면서 유관이 엄마는 좀처럼 변하지 않았다.

어느 날 아침 차량지도 교사가 아파서 내가 통학차량을 타고 등원지도를 하게 되었다. 차가 유치원에 가까이 왔을 때 유관이가 기찻길 위로 걸어가고 있었다. 날씨도 추운데 이른 아침에 어디를 다녀오나 싶어 창문을 열고 불렀다.

"유관아, 어디갔다 오니?"

유관이는 깜짝 놀라며 손에 들고 있는 것을 얼른 숨겼는데 언뜻 보니 담배였다. 유관이 엄마가 아침 일찍부터 아이에게 담배 심부름을 시킨 것이었다. 담배를 숨기는 유관이의 모습을 보자 마음이 짠하게 아팠다. '이런 엄마에게서 계속 자라면 이 아이들이 어떻게 될까?'

나는 자은복지관 관장이신 신집사님께 전화하여 두 아이들에 대해 설명하고 혹시 이 아이들이 희망원에서 자란다면 어떨지 여쭤보았다. 신집사님은 그런 엄마라면 희망원이 훨씬 낫다고 하시면서 희망원 입소 조건들을 알아봐 주시기로 했다.

신집사님의 수고로 희망원 입소가 가능하게 되자 유관이 엄마에게 찾아가서 설명하고 어머니가 아이들 양육이 많이 힘드신 거 같은데 유관이와 진성이가 희망원에 들어가면 삼시 세끼 잘 먹을 수 있고, 학교와 유치원도 잘 다닐 수 있다고 말했다. 유관이 엄마는 아이들을 희망원에 입소시키는 것에 찬성했다.

유관이와 진성이가 희망원에 가고 난 지 두어 달 후에 유치원으로 찾아왔는데 아이들이 놀랍도록 깨끗하게 변해 있었고 많이 의젓해져 있었다.

"원장선생님, 많이 보고 싶었어요."

나도 반가워서 유관이를 안아주었다.

"원장선생님, 나는 이 다음에 자라면 목사님이 될거예요."

마음이 순수했던 유관이는 유치원에 다닐 때 예배시간에 말씀을 전해주면 그대로 받아들였고 엄마에게 자기는 죽으면 천국에 간다고 얘기했단다. 유관이는 자기와 형 진성이에게 따뜻하게 대해주고 목욕탕에 데려가서 씻겨주고 하시는 장로님이 무척 좋았는지

"나는 이 다음에 크면 강장로님이 될 거예요."

하고 말하곤 했는데 이제는 목사님이 되고 싶다고 했다. 지금쯤 서른 살이 넘었을 텐데 유관이는 어떻게 자랐을지 궁금하다.

누구든지 내 이름으로 이런 어린아이를 영접하면 곧 나를
영접함이요 또 누구든지 나를 영접하면 곧 나를 보내신 이를
영접함이라 너희 모든 사람 중에 가장 작은 그가 큰 자니라
(누가복음 9:48)


## 3. 피할 수 없다면 즐기자

처음 유치원에 발을 디딜 때 '1~2년 정도 유치원 체계가 세워지면 나는 사모의 자리로 돌아간다.'고 생각하고 시작했지만 유치원 일이란게 그리 간단한 것이 아니었다. 주임교사를 키워서 원감 자리를 물려주고 나오려 했지만 도저히 내가 빠져나올 형편이 아니었다. 더군다나 동부유치원은 자격원장이 없는 미임용 유치원이라 행정상 문제가 생길 여지가 많았다.

교육청에서 지도점검을 나온 장학사는 나에게 하루빨리 임용보고를 하고 원장자격을 따라고 재촉했다. 나는 사모로서, 맡길 사람만 있으면 언제든지 유치원을 그만둘 생각을 하고 있었기 때문에

교육청에 내 이름을 임용보고도 하지 않고 있었기 때문이다.

결국 장학사의 권유로 일단 원장자격을 따서 미임용 유치원의 불이익은 면해야 한다는 생각으로 교육청에 임용보고를 했다. 그리고 3년 후에 한국교원대학에서 2개월간 원장자격 연수를 받고 유치원장자격을 취득하게 되었다. 그러나 내 맘속에는 이제나저제나 유치원을 벗어날 궁리만 하고 있었다.

2001년에 남편이 6개월간의 안식년을 허락받아 남아공에서 머물게 되었다. 남아공에 가서도 나의 제일 큰 기도제목은

"주님, 제가 돌아가면 유치원을 그만둘 수 있도록 인도해 주옵소서."

라는 것이었다. 그런데 남아공에 간 지 5개월쯤 지났을 때 두 명의 교사가 각각 메일을 보내왔다. 교사들 간의 갈등으로 더 이상 일을 못 하겠으니 사직하겠다는 내용이었다. 나는 걱정이 되어 있을 수가 없었다. 남편에게 이야기하여 한 달 일찍 돌아오게 되었다.

비행기가 김해공항으로 서서히 내려올 때 김해들판을 바라보는 내 마음은 반가움보다는 가슴이 답답해지면서 큰 돌덩어리가 짓누르는 것 같았다.

돌아와 보니 교사들 간의 갈등과 학부모의 민원 등으로 유치원이

아주 어수선했다. 많은 고민과 아픔으로 여러 가지 문제를 수습하고 보니 더 이상 피할 수 없이 내가 유치원을 맡지 않으면 안될 상황이 되었다. 하나님께서는 유치원을 그만두게 해달라는 나의 기도에 "그래!"라고 답하지 않으시고 "안된다!"라고 응답하신 것이었다.

상황이 이렇게 되자 나는

"하나님, 저는 지금까지 유치원을 피하려고만 했습니다. 그런데 주님께서 이런 상황으로 인도하셨으니 제가 유치원을 피할 수 없다면 이제는 이 일을 즐길 수 있게 해 주시옵소서."

하고 기도했다.

> 여호와여 내가 알거니와 사람의 길이 자신에게 있지 아니하니
> 걸음을 지도함이 걷는 자에게 있지 아니하니이다 (예레미야 10:23)

## 4. 기독교 명문 유아학교로

'피할 수 없다면 즐기며 하리라. 주님께서 맡겨주셨으니 기쁘게 감당하리라.'는 마음을 먹으니 나의 생각과 태도가 완전히 달라졌다. 지금까지 나는 사모라는 생각에 더 많이 비중을 두고 성도들 앞에서도 유치원에 매여 있는 것이 미안하기만 했다. 그러나 내가 유치원 일을 하지 않을 수 없도록 여기까지 인도하신 분이 하나님이시라는 생각을 하게 되자 적극적으로 유치원에 올인하기 시작했다.

안으로는 유아교육의 기본을 바로 세우는데 교육의 중점을 두었다. 첫째는 하나님을 알고 믿게 하고, 둘째는 바른 인성을 키워주고 셋째는 기본생활습관을 철저히 익히게 하며, 넷째로 아름다운 자연을 마음껏 체험하는 오감교육에 힘썼다.

유치원의 원훈도, 몸은 건강하고 마음이 행복하고 지혜의 근본이신 하나님을 알게 하는 교육을 하자는 생각으로 '건강하게 행복하게 지혜롭게'로 바꿨다. 원훈을 담아서 원가의 가사도 직접 작사해서 동부유치원만의 원가도 만들었다.

1. 저 바다는 안다 서로 사랑하는 멋진 동부 어린이

   시루봉이 안다 인사도 잘하는 예의 바른 동부 어린이

   건강하게 쑥쑥 자라고 행복하게 하하 웃어요

   하나님의 지혜 배우는 우리는 동부 어린이

2. 하나님이 주신 꿈을 이루었던 요셉처럼 될거야

   이 다음에 커서 세상을 이끄는 글로벌리더가 될거야

   건강하게 쑥쑥 자라고 행복하게 하하 웃어요

   하나님의 지혜 배우는 우리는 동부 어린이

동부유치원 원가

밖으로는 유치원과 유아교육에 대한 당회와 성도들의 생각 변화와 이해를 얻을 필요가 있었다. 나는 글을 써서 우리교회 주보에 올리고 경남기독신문에도 기고를 했다. 장로님들께는 한 부씩 직접 드리면서 읽어보시라고 했다. 그 때 쓴 글을 함께 올려본다.

## ♫ 교회 유치원은 선교기관입니다.

"아이가 7세 이전에 우리에게 맡겨라. 그러면 그 아이의 평생을 카톨릭 신자로 만들 것이다." 어느 카톨릭 사제의 말입니다.

'세 살 버릇이 여든까지 간다.'는 우리나라의 속담에서도 알 수 있듯이 유아기 교육은 사람의 평생을 좌우할 수 있는 중요한 교육입니다.

그래서 우리나라에 기독교를 전한 선교사들도 학교와 유치원을 지어서 교육을 통한 선교를 했고 그 이후 교회는 계속해서 어린이 전도에 열심을 다하여 교회마다 어린이들로 가득찼었습니다. 그때 복음을 받아들인 어린이들이 어른이 되는 시기에 우리나라는 기독교의 전성기를 맞이할 수 있었던 것입니다. 그런데 지금은 교회마다 어린이들이 급격히 줄어들고 있습니다.

물론 옛날보다 자녀를 많이 낳지 않는 저출산의 영향도 있지만 어른만 중요시하는 교회들의 근시안적인 전도전략으로 우리는 가장 중요한 시기에 복음을 전할 수 있는 가장 좋은 터전을 잃어가는 안타까운 현실에 직면해 있습니다.


사실 저는 목사의 아내이면서 수 년째 유치원을 맡아 일을 하고 있는데 이 일이 제게 많은 부담이 되어 틈만 나면 유치원 현장에서 물러날 생각을 하고 있었습니다.

그런데 장학협의회가 있을 때 방문한 불교 유치원의 어마어마한 시설과 거기서 불교 교육을 받고 자라는 수많은 어린이들을 보고 큰 충격을 받아 가슴이 아팠고 교회 유치원에 대한 사명감이 생기기 시작했습니다.

오늘날 불교에서는 유아교육의 중요성을 알고 많은 투자를 하고 있습니다. 대부분의 불교 유치원들이 큰 법당을 강당으로, 실내 놀이실로, 교실로 내어주고 넓은 마당을 모두 놀이터로 사용하고 있는 것을 볼 수 있습니다. 그런데 대부분의 교회 부설 유치원은 시설이 열악한 형편입니다.

요즈음 젊은 부모들은 자녀들을 유치원에 보낼 때 제일 먼저 시설, 환경을 보고 보냅니다. 심지어 교회에 다니는 부모들도 믿음이 연약한 사람은 시설이 좋다는 이유로 자녀를 불교 유치원으로 보내는 사람들도 있습니다.

이런 형편이니 진해만 해도 교회 유치원은 2개원 160명 정도이지만 불교 유치원은 3개원 560명, 불교 어린이집은 3개원 400명이상의 어린이들이 있습니다.

이웃의 창원은 교회 유치원이 2개원 170명가량이지만 불교 유치원은 10개원 2,000명 이상이 되는 실정입니다.

불교 유치원은 대부분 200명 이상의 대형 유치원이며 김해의 S사 유치원은 600여명의 어린이가 있는데 거의 일반 학교 수준의 대형 유치원입니다.

불교 유치원에서는 어린이들에게 법회로 철저히 교육을 시키며 절의 행사 시 학부모까지 동원하고 있습니다.

이렇게 유아교육에 많은 투자를 하는 불교와는 달리 슬픈 현실은 교회의 무관심과 교회 유치원들의 열악한 환경으로 인해 원아 모집에 어려움이 있어 문을 닫는 교회 유치원들이 점점 늘어가고 있는 실정입니다. 이런 형편은 다른 도시에도 별반 다르지 않을 것입니다.

10여년 전만 해도 어린이 전도를 나가서 "얘들아, 교회 가자. 맛있는 간식도 주고 재미있는 성경 이야기도 해준다." 하면 많은 어린이들이 따라왔지만 요즘은 "교회 가자." 하면 "나는 불교 유치원 다녀서 안돼요." "나는 불교 믿어요." 하며 아예 따라올 생각을 않는 어린이들이 많습니다.

저는 지난 해에 가정을 열어 어린이들을 전도하는 새소식반을 하면서 몇 년 전에 새소식반을 했을 때와 너무도 달라진 환경 때문에 어린이 전도가 많이 힘들다는 것을 느꼈습니다.

토요일에 새소식반을 했는데 요즘 어린이들은 토요일조차도 얼마나 바쁜지 놀이터에서 아이들 구경하기가 힘들고, 데리고 올 아이들이 없어서 전도할 수 없었을 때가 많이 있었습니다.

평일에는 학원 몇 군데를 거쳐서 오후 7시 이후에나 아이들 소리가 들리는 실정이니 따로 어린이들을 모으는 것이 정말 힘들지만 유치원은 매일 우리 품에 들어오는 아이들에게 마음껏 복음을 전할수 있으니 유치원이 얼마나 좋은 선교기관인지요!

저는 우리 유치원 아이들을 위해 기도할 때 "하나님, 우리 유치원에서 교육받는 80명의 아이들의 마음속 깊이 완전히 예수님으로 채워 주시고, 이 아이들 중 한 명도 주님을 떠나는 사람이 없게 해주소서." 하고 기도합니다.

숫자적으로 너무 많은 어린 영혼들을 빼앗기고 있는 현실에서 우리 품에 들어온 한 영혼이라도 놓치면 안 된다는 심정으로 매주 수요일 예배를 드립니다. 예배를 통해서 하나님의 사랑과 인간의 죄와 예수님의 십자가를 전하며 예수님을 영접한 하나님 자녀의 생활에 대해 이야기해 줍니다.

놀랍게도 아직 어린아이들인데도 구원의 진리와 어려운 구약의 말씀도 잘 이해하며 "선생님, 내 마음속에 예수님이 있어요." 하고 말합니다. 뿐만 아니라 집에 가서도 엄마 아빠도 예수님 믿어야 천국 간다며 전도합니다.

80명의 유치원 아이들 뒤에는 160명의 부모들이 있습니다. 유치원은 너무나 좋은 전도의 터전입니다. 오늘날 교회들이 이 사실을 간과하고 많은 어린이들을 불교 유치원에 빼앗기고 있습니다.

앞으로 20~30년 후에는 우리나라도 유럽의 교회들과 같은 실정이 될 수밖에 없는 것이 벌써 숫자적으로 유치원에서부터 불교 유치원과 비교도 안 될 만큼 차이가 나는 것입니다. 어린이들을 빼앗기는 것은 미래를 빼앗기는 것입니다.

저는 꿈을 가지고 기도합니다.

"하나님, 시설이나 환경에서 앞서가는 교회 유치원을 짓게 해주세요. 영아에서부터 취학 전까지의 어린 영혼들 300명을 품고 가르칠 수 있는 기독교 유치원과 어린이집, 장애아동들까지 통합교육할 수 있는 하나님의 사랑이 가득한 유치원을 만들 수 있게 해주세요."

아무것도 가진 것 없지만, 다른 사람들이 볼 때 황당한 꿈같지만 '너희 안에서 행하시는 이는 하나님이시니 자기의 기쁘신 뜻을 위하여 너희로 소원을 두고 행하게 하시나니' 라는 말씀을 붙들고 주님을 바라봅니다.

국가에서는 지금은 부분적으로 시행하고 있는 만5세아 무상교육을 점차 전체적으로 시행한다고 합니다. 그렇게 되면 부모들은 당연히 시설이 좋은 유치원으로 보낼 것이고 열악한 환경의 유치원들은 도태될 수밖에 없습니다.

그나마 교육내용이나 아이들을 많이 사랑해주는 유치원이라는 명성으로 유지하고 있던 교회 부설 유치원들도 도태될 수밖에 없는 위기에 처해있는 것입니다. 이 중요한 시점에서 교회들은 유치원 교육에 눈을 돌려야 합니다. 초기에 선교사들이 그러했듯이 인생의 가장 밑바탕이 되는 유아기 교육에 문을 열어야 합니다.

그리고 교회에서 유치원을 운영할 때, 선교하는 심정으로 물질을 투자하며, 선교사를 파송하는 심정으로 교사를 키우고 시설에 투자를 해야 합니다. 저는 분명히 말할 수 있습니다.

"교회유치원은 선교기관입니다."

유아기에 그 마음에 그려진 예수님은 절대로 지워지지 않을 것입니다. 40세가 된 어른을 전도하면 30~40년간 그리스도인이 되지만 유아를 전도하면 70~80년을 주님께 드릴 수 있을 것입니다. 귀한 시 한 편을 소개하며 글을 마무리하려 합니다.

어느 날 나는 진흙 한 뭉치를 가지고
할 일 없이 그것으로 모양을 만들었네
손가락으로 누를 때마다
그것은 내 뜻대로 만들어졌다네

수일 후 내가 다시 왔을 때
진흙은 이미 굳어져
내 손으로 지은 그 모양을
다시는 바꿀 수가 없었다네

나는 살아있는 진흙을 가지고
매일매일 그것을 부드럽게 만져주며

온 힘과 정성을 다하여 만들었다네
어린이의 연하고 순한 마음을.

여러 해가 지난 후 내가 다시 왔을 때
나는 보았네
그때 그 마음을
더 이상 바꿀 수 없는 그 모습을.

– 어린이 전도협회 훈련교재에서 발췌 –

## ♤ 나의 기도보다 더 멋진 하나님의 응답

이런 노력이 있어서인지 장로님들과 성도들에게서 유치원과 유아교육에 대한 인식의 변화가 일어나기 시작했다.

그 당시 동부유치원은 교회당 1층의 일부만 사용했고 나머지는 교회 식당으로 사용하고 있었다. 그런데 당회에서 교회 건물 맞은편에 땅을 사서 교회 식당을 지어 벳세다급식소로 사용하기로 결정했다. 교회당 1층 전체를 유치원 용도로 사용할 수 있도록 교회 재정 1억원을 들여 내부 리모델링을 하는 것으로 결정하고 2008년에 공사를 시작했다.

사실 나는 시설이 좋은 독립건물을 지어 매년 300명의 원아들에게 복음을 전할 수 있게 해달라고 기도원에 가서 3일간 금식기도도 하고, 여러 달 동안 땅밟기를 하며 기도하고 있었다.

그런데 하나님께서는 190평 면적의 교회 건물 1층 전체를 유치원 교실과 복도로 사용하고 마당의 꽃밭과 놀이터까지 400평이나 되는 큰 공간을 사용할 수 있게 응답하셨다.

지하 교육관을 유치원 예배와 체육 공간으로 사용하고, 행사할 때는 2층 본당 등 교회 건물을 마음껏 사용할 수 있게 되었으니 독립건물을 짓는 것보다 훨씬 더 좋은 쪽으로 응답해주신 것이다.

300명의 어린이들에게 복음을 전할 수 있게 해달라고 했던 나의 기도는 5학급 133명으로 인가 변경이 되도록 응답하셨다. 하나님께서는 내가 감당할 수 있을 만큼만 인가받게 해주시고 다음 해부터는 해마다 정원이 넘쳐서 대기자가 줄을 서도록 원아들을 보내주셨다.

그 후 동부유치원은 유아교육원에서 실시하는 1차 유치원평가에서 우수 유치원으로 선정되었다. 점점 학부모들에게 좋은 유치원으로 입소문이 났고 3차 평가 때에는 교육과정, 교육환경, 건강 및 안전, 운영관리, 자율특색 등 모든 분야에서 A를 받는 등 대내외적으로 기독교 명문 유아학교로 나아갈 수 있도록 인도해 주셨다.

늘 떠날 생각만 했던 유치원을 주님께서는 피할 수 없으면 즐기겠다는 마음으로 바꾸어 주셨다. 또한 그저 작은 씨앗 같은 꿈을 품고 기도했는데, 하나님은 때를 따라 더 귀하게 응답해 주셨다. 하나님 하시는 일은 참 놀랍고 감사할 뿐이다.

그런데 지금 우리나라는 심각한 저출산율로 점점 아이들이 줄어가고 있다. 그에 따라 유치원 원아모집도 많이 힘들어져서 원아 수도 줄어가고 있는 실정이다.

이런 때일수록 '교회부설 유치원은 선교기관'이라는 것을 잊지 말고 온 교회와 성도들이 유치원을 위해 더욱 기도해야 할 일이다. 하나님의 유치원인 동부유치원이 계속해서 기독교 명문 유아학교로 남아서 어린이들을 전도하고 하나님 나라를 확장시킬 수 있도록 오늘도 나는 기도한다.

> 마땅히 행할 길을 아이에게 가르치라 그리하면 늙어도 그것을 떠나지 아니하리라 (잠언 22:6)

## 5. 성품 좋고 사랑 많은 교사들

유아교육에 있어서 가장 중요한 요소는 무엇일까? 환경과 시설도 중요하지만 무엇보다도 교사가 가장 중요하다. 특히 유치원 교사는 유아들이 엄마품을 떠나 처음으로 만나는 사람이며, 하루에 6~8시간을 함께 지내면서 아이들에게 많은 영향을 끼치기 때문이다. 그래서 나는 성품이 좋고 사랑이 많은 교사들을 보내주시기를 기도했다.

그리고 우리 유치원에 근무하는 교사들이 자부심을 가질 수 있도록 월급을 높이고, 다양한 연수를 통해 실력있는 교사로 자라도록 지원했다. 오후 6시가 되면 정시에 퇴근하여 취미활동도 하면서 자기 삶에 행복감을 느낄 수 있도록 배려했다. 선생님이 행복해야 아이들도 행복할 수 있기 때문이다.

동부유치원은 교사채용의 조건이 유치원 정교사 자격증을 소지한 세례교인이어야 한다는 내규가 있다.

9년 전의 일이다. 면접을 보러 온 김선생을 만났을 때 인성과 교사로서의 자질이 좋아 보여 채용하고 싶었는데 교회를 다니지 않는다고 했다. 직접 수업을 하지 않는 부담임 자리였기 때문에 교회에 나오겠다는 조건으로 채용했다.

김선생은 성실하게 교회 출석을 잘 했고, 내가 직접 새가족 양육 공부를 시켜서 세례도 받았다. 믿음이 조금씩 자란 김선생이 내게 보낸 편지는 내 마음에 감동과 기쁨을 주었다. 아래는 편지 내용의 일부이다.

'사랑하는 원장선생님~♡ 동부유치원 막내 지희예요.
처음 면접 보러 떨리는 맘 움켜쥐고 동부유치원에 첫 발걸음한 게 어제같은데 ... 원장님과 천사같으신 선생님들 덕분에, 또 우리 귀염둥이들 덕분에 이제는 힘찬 발걸음으로 웃으며 오는 곳이 당연한 동부유치원이 되었네요.
항상 감사하며 지내고 있어요.
원장님께서 하나님이 계시다는 것을 알려주셔서 정말 감사드려요. 제가 하나님을 믿으며 달라진 것이 크게 두 가지가 있어요.
첫째는 정말 작은 것에도 감사드리는 마음을 가지게 된 것이예요. 그리고 두 번째는 기도하는 습관이 생겼어요. 기도하며 간절히 소망하는 것을 하나님께 말씀드릴 때 마음이 편해지는 것이 너무 좋아요. 동부유치원에서 원장님과 오래오래 함께 하고 싶어요.'

## ♤ 신앙을 가지게 된 선생님들

이렇듯 좋은 교사를 보내주셔서 믿음의 자리에까지 인도해주신 하나님께 감사드린다. 또 한 분 박선생은 특활수업의 영어강사였다. 그녀의 집은 마산에 있었고 아들과 딸은 집 부근의 원불교 어린이집에 다니고 있었다. 박선생은 영어수업에 들어갈 때마다 아이들을 따뜻하게 사랑으로 대하는 우리 선생님들을 보고 자기 마음도 따뜻해진다고 했다. 재료를 아끼지 않고 풍족하게 잘 먹이는 점심 식사와 아이들 중심의 좋은 교육 내용들을 유심히 살펴보고 그녀의 마음이 움직이기 시작했다.

오전에 다른 원에서 수업하고 우리 유치원에 도착한 박선생을 나는 원장실에서 함께 점심을 먹을 수 있도록 배려했다. 같이 식사를 하면서 많은 대화를 할 때 박선생의 마음이 완전히 열렸다. 결국 그녀는 진해로 이사를 오고 자녀들을 우리 유치원에 입학시켰다. 동부교회에 나오기 시작했고, 나와 함께 새신자 양육공부를 하고 학습, 세례도 받고 구역예배에도 열심히 참석했다. 3년 뒤 부산으로 이사를 갔는데 거기서도 아이들이 밤마다 기도를 하고 교회에도 잘 나간다고 했다.

차량지도교사로 채용된 이선생은 참 성실하고 아이들을 사랑하는 마음이 특별한 사람이었다. 나는 그녀에게 보육교사 공부를 해 보라고 권유했다. 2년째 차량지도 교사를 했지만 교회에는 나오지 않고 있는 그녀에게 어떻게 복음을 전할 것인가를 생각하며 기도했다.

3년째 되는 해 종일반교사 한 사람을 모집해야 되어서 이선생과 면담을 했다.

"이선생님, 종일반교사 자리가 났는데 종일반교사는 보육교사 자격으로도 가능해요. 이선생님이 그동안 자격증도 취득했고 2년 간 차량지도를 하며 아이들 사랑하는 마음이 특별해서 나는 이선생님이 했으면 싶은데 선생님 생각은 어때요?"

"저야 원장님께서 채용해주시면 정말 감사하지요."

"지금까진 차량지도만 하셔서 교회에 나오라는 말을 안했지만 우리 유치원은 세례교인 이상이라야 교사채용을 할 수 있어요. 그런데 종일반이라 세례까지는 아니라도 교회에는 나와야 하는데 나올 수 있으시겠어요?"

"네, 나올게요. 원장님께서 2년 동안 한 번도 교회에 나오라고 강요하지 않으시고 잘 기다려주셔서 감사합니다. 이제는 교회에 나오겠습니다."

나는 정말 기뻤다. 모든 교사들에게 이선생님의 신앙이 자랄 수 있도록 우리가 삶으로 본을 보이자고 했다. 교회에 나오게 된 이선생은 두 자녀와 함께 열심히 신앙생활을 했다. 새가족 양육 공부도 하고 세례받고 집사 직분도 받고 지금은 유치부 교사로 봉사하며 자기의 꿈은 동부교회의 권사가 되는 것이라고 한다.

종일반의 사랑반 교사로 오게 된 강선생도 교회에 다니지 않았다. 이선생을 전도한 예를 거울삼아 강선생을 채용하면서 모든 교사들에게 부탁했다.

"선생님들, 먼저 믿는 우리가 강선생님을 전도하기 위해 말과 행동으로 사랑을 보여줍시다. 우리의 친절한 말 한마디, 우리의 배려하는 행동으로 그리스도의 향기를 전해줍시다."

이선생에게도 특별히 부탁했다.

"이선생님, 강선생과 나이도 같으니 친구처럼 지내며 밀착전도를 해보세요."

한 달도 안되어 강선생은 두 아들을 데리고 교회에 나오게 되었고, 믿음이 잘 자라서 집사 직분도 받고, 지금은 유치부 교사로 섬기고 있다.

나는 사모이면서도 유치원에 매여 있어 전도하러 나가지 못하는 것이 늘 마음에 짐이 되었다. 그래서 내가 있는 곳에서 전도하려고 노력했다.

특활수업 강사로 오는 음악, 체육, 영어 강사들에게 수업 전에 따뜻한 밥 한 그릇 대접하고 수업 후에는 간식을 챙겨주었다. 거래하는 유아교재사 사장님이나 직원들이 찾아오면 언제든 만나주고 이야기를 들어주며 그들에게 그리스도인의 모습을 보여주는 것이 전도라고 생각하며 친절하게 대했다.

하나님께서 우리에게 주시는 많은 복 중에서 가장 큰 복은 만남의 복이 아닐까! 그런 점에서 나는 참 큰 복을 받은 사람이다.

유치원을 맡았던 27년간 함께 일했던 교사들이 30여명이다. 대부분 5년 이상 함께 일했고 10년 이상 근무했던 교사들도 여러 명이다. 결혼하면서 사모가 된 사람이 6명이다.

내가 원감으로 일했을 때 우리 유치원에 다녔던 아이가 자라서 동부유치원에서 함께 일했던 교사가 2명이다. 한 사람 한 사람 정말 귀한 사람들을 보내주셔서 동부유치원은 선생님들이 참 좋다는 소문이 날 만큼, 아이들을 사랑하고 학부모들께도 성실하게 대했고 원장인 나를 잘 따랐다.

## ♤ 나의 가장 큰 재산

유치원 원장으로 일하는 동안 많은 것들을 얻었지만 그 중에서 나의 가장 큰 재산은 우리 선생님들을 얻은 것이다.

은퇴한 후에도 스승의 날이 되면 편지로, 문자로, 전화로 인사를 전해오는 선생님들이 있어서 나는 참 행복한 사람이다. 퇴임한 지 1년이 지난 스승의 날에 후임 원장이 보내준 편지를 읽으며 먼저 걸어온 자로서 후배들에게 작은 본보기가 될 수 있었음에 감사했다.

존경하는 우리 사모님~♡
요즘 사모님 얼굴을 한 번씩 자주 뵙게 되어서 너무 좋아요!
날이 거듭되어갈수록 사모님과 함께 했던 기억들이 떠오릅니다.
'우리 신애숙 원장님께서는 이럴땐 이렇게 하셨는데 나도 그렇게 해야지' 하고 다짐한 것들이 있어요.
아무리 바쁘시더라도 제가 "원장님~~"하고 부르면 하던 일을 멈추시고 제 말에 귀기울여 주셨던 기억들, 못나고 부족한 것 투성이인데도 격려해주시고 다독여주셨던 일들, 청렴하셨던 부분들, 먼저 솔선수범해 보이셨던 모습들, 항상 자신을 낮추시고 교사들을 세워주셨던 기억들 등등... 하나씩 실천하려고 하는데 잘 안될 때도 있어요.
우리 사모님 그림자만이라도 따라가면 잘 하는 것일 것 같아요.
사모님은 저에게 언제나 참되신 스승님이세요. 항상 감사드리고 사랑합니다. 늘 건강하셔요~ ♡

그동안 선생님들에게서 받았던 많은 편지들은 지금 읽어도 가슴이 뭉클해진다. 부장교사로 일하다가 퇴직한 유선생님이 나의 퇴임식 때 보내준 편지를 읽으며 이렇게 좋은 교사들과 함께 일할 수 있었던 지난날이 참 감사했다.

다정이의 영원한 롤모델 신애숙 원장님께!

원장님 다정이에요~^^
원장님의 퇴임식에 함께하지 못하는 아쉬움에 늦은 밤 이나를 재워놓고 몇 자 적어봅니다.
제가 원장님을 처음 만나던 날이 어렴풋이 기억나네요.

사실 첫 약속(면접)은 원장님이 심방 가신다고 깜박하셔서 바람맞고 돌아왔어요.
두번째 약속에서 만난 원장님~!
차분하시고 온화하신 모습으로 면접을 보시며 소명이 무엇이냐고 물으셨죠. 사실 너무 당황해서 뭐라고 대답했는지 잘 모르겠어요.
그런데 그렇게 면접에서 해주신 질문이 나의 소명이 무엇일까 찾아가는 시작점이었던 것 같아요.

동부유치원에서 원장님과 함께한 시간 7년 4개월.
그 시간들이 저에게는 생각만 해도 행복하고 먹먹하고 그리운 시간들인데 30년 가까이 유치원을 이끄시고 떠나시는 원장님께는 그 시간들이 얼마나 값지고 소중하고 또 그리워질 시간들일까요.

그 마음 다 헤아릴 순 없겠지만 원장님보다 쪼~~~금 먼저 유치원을 떠나 와 보니 동부유치원이 진짜 내 삶에 얼마나 많은 부분을 차지했었는지...
그만두고 나서도 유치원 생각! 유치원 걱정!
우리 유치원 우리 유치원을 입에 달고 있어서
남편이 "이제 자기 유치원 아니야."하는데 어찌나 서럽던지요.
맨날 원장님, 원감님 예뻐해 주시고 잘한다 칭찬해주시고, 잘 따라주는 선생님들이 있어서 "내가 없으면 유치원 제대로 안돌아가는거 아니야?"하는 대단한 착각을 하기도 했지요~ᄊ
근데 넘나 감사하게도 좋은 선생님들이 열심히 잘 일하고 유치원도 넘나 잘 돌아가서 (?)하하하 저의 부족함을 되돌아보고 또 하나님께서 부족한 자를 유용히 잘 사용해주셨음에 감사하게 되었어요.

함께 일했던 선생님들이 다 흩어지게 되었지만 모두 "동부를 잊지 못할 거다. 최고의 유치원이었다." 입을 모을 수 있는 건 원장님께서 한 명 한 명 사랑으로 대해주시고 교사의 편에서 귀기울여 이야기 들어주시고, 배려해 주신 덕이라고 생각해요.
또 교사의 인성교육, 안전교육, 아동학대방지... 끝임없이 강조하시고 잘 가르쳐주셔서 지금까지 유치원이 무탈하고 잘 운영되었던 것 같아요.

25살의 낭창하던 다정이가 이제 32살이 되어서 한 남자의 아내, 한 아이의 엄마가 되었고 또 사모의 길을 가게 되었어요.
제가 원장님 나이가 되려면 30년이란 시간이 남았는데 제가 원장님처럼 좋은 아내, 엄마, 사모가 될 수 있을까요?
원장님 절반이라도 쫓아가야 될텐데 말이에요~헤헤

우리 남편은 가끔 원장님 흉내를 내요~
"다져엉~~~!" 부르시는 원장님
아직도 귓가에 잊혀지지 않고 어디선가 원장님이 다져엉~~~하고 부르실 것만 같아요.

원장님! 저는 다 기억할거에요.
수요예배시간에 "아다암~~~~"하며 하와 흉내 내시는 원장님 모습,
소녀같은 얼굴로 예쁜 손수건 머리에 묶으시고 즐거워 하시던 원장님 모습,
아이들과 천진난만하게 물총놀이 하시던 모습, 피아노 치며 독창 지도해주시던 모습, 크고 당당한 목소리로 부모교육 하시던 모습, 교사회의 마칠 때마다 우리 교사들과 유치원을 위해 기도해주시던 모습. 교사 한 사람 한 사람 생일 때마다 예쁜 케익으로 축하해주시던 모습, 저 디스크 터졌을 때 누구보다 맘 아파하시고 배려해주시던 모습...
제가 기억하듯이 다른 선생님들도, 수백의 졸업생 재원생 아이들

도 모두 모두 원장님 잊지 않고 기억할거예요.

원장님 그동안 정말 고생 많으셨어요.
이제 어깨의 짐 살포시 내려놓으시고 쉼이 있는 인생 제2의 시작
이 되시길 늘 기도하고 응원할게요♡
원장님 사랑하고 존경해요♡

## ♠ 오직 감사! 오직 영광!

대학에서 유아교육을 공부하면서 한때 나의 꿈이 '유치원 원장'이었던 때가 있었다. 그때 나의 꿈은 돈을 많이 벌어서 언젠가 아주 크고 시설이 좋은 개인 사립유치원을 지어 운영하는 것이었다. 그런데 하나님의 계획은 나의 계획과 달랐다.

나를 사모의 길로 인도하셨고 교회부설 유치원의 원장이 되게 하셨다. 이것이 얼마나 감사한 일인지!

만약 내 생각대로 돈을 많이 벌어서 개인 사립유치원 원장이 되었다면, 투자한 돈을 생각해서 영리를 추구하지 않을 수 없었을 것이다.

교회부설 유치원 원장이 되어서 아이들에게 좋은 것 먹이고, 좋

은 교재와 교육을 위해 아낌없이 재투자할 수 있었던 것이 얼마나 큰 축복이었는지!

우리 품에 들어온 깨끗한 백지 같은 아이들의 마음 판에 예수님을 마음껏 새겨넣을 수 있었던 것이 얼마나 큰 행복이었는지!

동부유치원 어린이들을 전도하여 유치부로 인도하고 그 아이들이 유년부, 초등부, 학생회까지 교회 안에서 잘 자라는 모습을 보고, 동부유치원을 통하여 학부모들까지 교회로 연결되어 신앙생활 잘하는 모습을 볼 수 있었던 것이 얼마나 큰 기쁨이었는지!

원장 월급에서 매월 돈을 모아서 교회가 땅을 살 때나 공사할 때 도움이 될 수 있었던 것도 얼마나 큰 은혜였는지!


물론 27년간 유치원을 운영하며 힘들었던 점도 많이 있었다. 결단력이 부족한 나의 성격으로 원의 많은 일들을 결정하고 책임을 져야 하는 일들이 참 힘들었다.

감사나 지도점검을 받기 위해 수많은 문서와 서류, 장부를 밤새워 준비해야 했던 일들, 유치원평가 준비하느라 새벽까지 준비했던 일들, 아이들이 다쳤을 때 가슴이 덜컥하며 그 상황을 처리하고 부모들에게 죄인 된 심정으로 찾아가서 사과하고 마음 조아렸던 일들...

참으로 동부유치원에서의 27년은 나의 인생에서 큰 짐과 고통이 됨과 동시에 나의 인생에서 큰 기쁨과 보람이 되었던 시간들이었다.

27년의 세월 동안 부족하고 연약한 나를 동부유치원에서 사용해 주신 하나님께 오직 감사, 오직 영광을 돌려드린다.

> 항상 우리를 그리스도 안에서 이기게 하시고 우리로 말미암아
> 각처에서 그리스도를 아는 냄새를 나타내시는 하나님께 감사하노라
> 우리는 구원 받는 자들에게나 망하는 자들에게나 하나님 앞에서
> 그리스도의 향기니 (고린도후서 2:14~15)

## 6. 선물로 주신 두 아들

하나님께서 우리 가정에 두 아들을 연년생으로 보내주셨다. 나는 정말 좋은 엄마가 되고 싶었지만 현실은 그렇지 못했다.

큰 아이가 백일이 지났을 때 개척교회 담임 전도사로 가게 되었고 연년생으로 둘째 아이를 낳았다. 큰 아이를 등에 업고 둘째를 임신하여 배불렀던 시절, 개척교회 사모가 아이를 줄줄이 낳는다고 성도들의 눈치를 받기도 했다.

둘째를 낳은 후 주일이면 아기를 업고 큰 아이 손을 잡고 교회에 갔다. 관리집사님 집에 아기를 눕혀두고 유치부와 학생회 교사도 했다. 아기를 업고 새벽기도를 가고 심방도 따라 다녔다. 시동생 뒷바라지와 자녀양육과 집안 살림까지 나의 한계를 넘어선 환경에서 점점 소화가 안되고 신경이 예민해졌다.

유아실도 없는 개척교회에서 두 아이를 데리고 나는 맨 뒷자리 바닥에 방석을 깔고 앉거나 서 있었다. 예배시간에 큰 아이가 떠들면 데리고 나가 엉덩이를 때렸다. 등 뒤에서 작은 아이가 소리를 내면 밖으로 나가 예배 마칠 때까지 문밖에 서 있었다. 사모로서 우리 아이들 때문에 예배에 방해가 되지 않게 하기 위해서였다.

나는 아이들에게 화를 많이 내고 엄격한 엄마였다. 칭찬과 격려 보다는 야단을 많이 쳤다. 몸도 마음도 환경적으로도 많이 어려웠기 때문이기도 했지만 내가 자랄 때 어머니의 영향도 컸다. 이것을 '마더쇼크'라고 한다는 것을 나중에 공부하면서 알게 되었다.

내가 어릴 때 혼내고 야단치는 엄마의 모습을 싫어했는데 나도 우리 아이들에게 그렇게 하고 있었던 것이다.


더군다나 연년생인 두 아들을 키우면서 자주 체하고 잘 먹지 못 해서 늘 에너지가 부족했다. 그런 나에 비해 두 아들은 얼마나 활동성이 많은지 잘 때 외에는 잠시도 가만있지 않았다. 나는 아이들을 제재하고 혼내는 폭군같은 엄마였다.

## ♤ 신앙교육과 예절교육

결혼을 하면서 내게는 많은 역할들이 주어졌다. 아내, 사모, 엄마, 며느리, 형수, 유치부 교사, 학생회 교사 등... 어느 것 하나 쉬운 것이 없었지만 내게 제일 어려웠던 것은 엄마 노릇이었다.

다른 역할들은 그 자리에서 잠시 하고 그 시간이 지나면 쉴 수도 있었지만 엄마 노릇은 24시간 휴식도, 휴가도 없고 나의 전인격이 드러날 수밖에 없는 노릇이라 정말 많이 힘들었다.

자녀를 양육하는 부모에게 제일 필요한 성품은 참고 기다려주는 것이다. 그런데 여러 가지 역할들로 마음이 늘 분주했던 나는 참지 못하고 기다려주지 못하고 아이들을 닦달했다.

그렇게 부족한 엄마였지만 나름대로 자녀교육의 원칙을 정하여 그 원칙대로 두 아들을 양육했다.


첫째는 하나님을 알고 믿게 하는 신앙교육이다.

애기 때 우유 먹일 때와 잠잘 때, 자고 일어났을 때도 엄마의 기도를 들려주고 시편 말씀을 읽어줬다.

아이들이 어릴 때부터 집에서 새소식반을 하면서 엄마가 전해주는 성경말씀을 들려줬고 각각 일곱 살이 되었을 때 구원상담을 했다. 영접기도를 하고 개인적으로 구원의 확신을 가지도록 했다.

그 이후에 아이들이 초등학생이었을 때와 중학생이 되었을 때 다시

"너는 지금 죽어도 천국 갈 수 있니?"

하고 확인 질문을 했다.

대부분의 아이들은 율법적이라 엄마 말씀 안 듣고 형제들과 싸우는 것이 자신의 일상이라 천국에 못 갈 거라는 생각을 하게 된다.

두 아들도 역시 자기가 죄를 지어서 천국에 못 갈 것 같다는 대답을 했다. 그때 다시 하나님의 자녀 됨과 구원의 확신을 가질 수 있

도록 이끌어줬다.

이렇듯 모든 그리스도인 부모들이 자기 자녀가 예수님을 영접하는 축복을 다른 사람에게 **빼앗기지** 않고 부모가 직접 할 수 있으면 정말 좋겠다고 생각한다.

다행히도 두 아들은 목사님 아들이라서 부모 때문에 교회에 가는 것이 아니라, 교회가 정말로 좋아서 갔다. 어린이 오전예배를 마치고 밖에서 신나게 놀다가도 오후 어린이 예배는 스스로 챙겨서 가고 주일 새벽기도 참석과 어린이 성가대도 자발적으로 하면서 교회 안에서 잘 자라갔다.

둘째로는 예절교육이다.
말을 배울 때부터 아이 이름을
"장호야~~"
부르곤 내가
"예"
하고
"지호야~~"
부르고 내가
"예"

하면서 어른이 부르면 "예"라고 대답하는 것부터 가르쳤다.

아이들에게 말을 할 때도

"장호, 지금 뭐 하고 싶어요?"

"기다리세요. 엄마가 해주실 거예요."

하고 존대어를 사용했다. 물건을 줄 때도 두 손으로 받게 하고, 받으면 항상 "고맙습니다" 하고 엄마가 먼저 인사하는 모습을 보여줬다.

아빠가 나가실 때나 다녀오실 때는

"애들아, 아빠 오셨다."

하면서 내가 먼저 뛰어나가

"안녕히 다녀오셨습니까?"

하고 인사하는 모습을 보여줬다.

아침에 자고 일어났을 때나 밤에 잠잘 때, 밥 먹기 전이나 밥 먹은 후에도 항상 부모에게 인사를 하도록 가르쳤다.

30대가 된 지금도 우리 아들들은 항상 "아버지 어머니 안녕히 주무세요." "안녕히 주무셨습니까?" "잘 먹겠습니다." "잘 먹었습니다." "감사합니다." 하고 가족 간에도 늘 인사를 잘 한다. 내가 말을 하면 언제나 "예, 어머니. 그렇게 할게요." 하고 대답한다.


큰 아이가 초등학교 4학년이 되자 나는 아이들에게

"지금부터는 아빠, 엄마라 하지 말고 아버지, 어머니로 불러라."

고 했다. 아이들은

"싫어요. 우리는 엄마 아빠가 더 좋아요. 아버지 어머니는 너무 멀게 느껴져요."

했다. 남편마저도 아직도 어린데 너무 빠른 거 아니냐며 만류했다. 하지만 나는

"말은 어릴 때일수록 고치기가 쉽지 더 나이 들면 힘들거던. 지금 안 고치면 너희들 이담에 수염 숭숭난 군인아저씨가 되어서도 엄마 ~ 아빠~ 이렇게 할 수 있어. 자, 오늘부터 엄마, 아빠라고 할 때마다 용돈에서 100원씩 내놓기로 하자."

그러자 아이들은 한 번의 실수도 없이 그 날로 바로 고쳤다.

말에서 마음과 행동이 나온다. 부모님께 존대어를 쓰는 아이들 치고 부모에게 떼쓰고 함부로 하는 아이들은 없다.


아이들 생일이 되면 우리 부부가 자리를 잡고 앉아서 부모인 우리에게 큰 절을 시켰다.

"아버지 어머니! 낳아주시고 키워주셔서 감사합니다."

먼저 큰절을 받은 후에 생일상을 차리고 축복기도와 선물도 주면서 생일은 자기가 축하받기 이전에 낳아주시고 키워주신 부모님의 수고와 은혜에 감사드리는 날이라는 것을 가르쳤다. 그런 교육의

효과로 자기 생일에는 군대에 있을 때도 외국에 있을 때도 어디에 있든지 전화를 해서

"아버지 어머니 낳아주시고, 지금까지 잘 키워주셔서 감사합니다." 하고 인사를 했고 지금도 하고 있다.

## ♠ 독서교육과 바른 가치관 교육

세 번째로는 독서교육이다.

아기 때부터 동화책을 많이 읽어주었고 녹음테잎을 들으며 책을 읽게 했다. 글자를 알게 된 후로는 직접 책을 읽게 했다. 농협에 자기 이름의 예금통장을 만들어줘서 책 한 권을 읽으면 천 원씩 주고 직접 농협에 가서 예금을 하게 했다.

아이들은 아버지가 항상 서재에서 공부하는 모습을 보고 자라서 그런지 책을 많이 읽고, 책 보는 것을 좋아했다. 나도 아이들이 책을 읽을 때는 옆에서 함께 책을 읽었다. 거실에는 책장과 탁자를 두고 가족들이 책을 읽고 공부하는 공간으로 사용했다.

그런 교육의 효과로 학교에서 학년이 바뀌면 자기 교실에 있는 책을 다 읽어야 밖에 나가서 놀았고, 군대에서도 내무반에 있는 책들을 다 읽었다고 한다. 지금도 책을 참 많이 읽는다.

TV는 제일 작은 방에 넣어두고 어린이 프로를 할 때만 보게 했고

부모 된 우리도 TV를 거의 보지 않았다. 꼭 보고 싶은 프로가 있으면 아이들이 잠든 후에 봤다.

네 번째로는 바른 가치관 교육이다.

우리집 가훈은 '정직, 성실, 겸손'이다. 남편과 내가 그렇게 살려고 노력했고 아이들도 그렇게 살아야 한다고 가르쳤다. 사랑의 매를 벽에 걸어두고 거짓말을 하거나 나쁜 말을 했을 땐 본인에게 몇 대를 맞아야 할까 물어보고, 자신이 잘못했다고 생각하는 양만큼 매를 때렸다.

초등학생일 때부터 술과 담배는 절대로 하면 안된다는 것과 이성 교제는 너희들이 분별력이 생기는 대학생이 되었을 때 하면 좋겠다는 얘기를 했다.

그러자 둘째 아들이 물었다.

"어머니, 우리는 아직 어린데 왜 벌써 그런 얘기를 하시는 거예요?"

"예방주사다. 잘 맞아둬라."고 말했다.

그 후 두 아들은 한창 사춘기 시기인 중고등학교 6년을 남아공에서 유학을 하게 됐다. 그때 술과 담배를 하며 여자 친구들과 어울리는 한국 친구들의 유혹이 종종 있었다 한다.

아들들은 "친구들이 같이 놀자고 부르고 술 담배를 권하기도 했지만 어머니가 하도 예방주사를 많이 맞춰 주신 바람에 저희는 한 번도 같이 해볼까 하는 생각조차도 들지 않았어요." 하고 말했다.

## ♠ 경제교육

다섯 번째로는 경제교육이다.

아이들이 어릴 때 용돈을 일주일에 천 원씩 주면서 십일조를 하게 했다. 세뱃돈이나 손님들이 용돈을 주고 가서도 십일조를 하게 하며 나머지 돈을 용돈 기입장에 기록하면서 사용하게 했다. 둘째 아들 지호는 과자 사먹느라 금방 다 써버리고 늘 쪼들린다고 엄살이었지만, 큰아들 장호는 거의 쓰지 않고 모아뒀다가 한 달이 지나면

"어머니, 집안 살림에 보태 쓰세요." 하며 내놓았다.

남편이 사례를 받아오면 사례봉투를 앞에 놓고 아이들과 손을 잡고 감사기도를 했다. 그리고 큰아들에게 제일 깨끗한 돈을 골라서 십일조와 감사헌금, 주일헌금 등 헌금을 구별해서 봉투에 넣게 했다. 둘째 아들에게는 30만원을 세어서 할아버지 할머니 용돈 봉투에 넣으라고 했다.

나는 유치원에서 처음 일했을 때 판공비로 월 20만원을 받았는데 그 돈을 그대로 울릉도의 시부모님께 보내드렸다. 2년 후에 30만원을 받게 되었을 때부터는 30만원을 보내드렸다.

교역자의 넉넉하지 못한 사례의 십의 2조, 3조의 금액이었지만 부모님께 드리는 것을 당연하게 생각하고 매월 꼬박꼬박 보내드렸다. 아버님이 돌아가신 후에는 시어머니와 친정어머니께 매월 20만원씩 드렸다.

사실 시부모님께 보내는 돈은 은행에 가서 송금을 했지만, 아이들이 직접 세어 봉투에 넣게 하면서 할아버지 할머니의 용돈으로 구별하여 부모님께 드리는 모습을 볼 수 있도록 했다.

그런 교육 덕분이었는지 큰아들이 취직했을 때 첫 월급을 모두 동부교회에 헌금했고, 두 번째 월급은 부모님께 드린다며 봉투째로 부모 앞에 내어놓았다. 그 이후에도 십의 일조는 자기가 출석하는 교회에 드리고 또 십의 일조는 부모님께 드린다며 계속 돈을 보내왔다.

1년 이상 받다가 사양하고 지금은 매월 20만원씩 용돈으로 받고 있다.

우리 가정은 헌금 외에도 십의 일조 이상 후원금과 남을 위해 사용한다. 아들들이 취업했을 때 나는 말했다.

"하나님께 드리는 헌금 외에 꼭 필요한 곳에 후원도 하도록 해라. 남을 위해 사용하는 것이 하늘나라에 저축하는 것이다."

'자녀는 부모의 뒷모습을 보고 자란다'는 말이 있다. 우리가 아무리 말로 잘 가르쳐도 자녀는 부모의 말이 아니라 부모가 사는 모습을 보고 자란다.

신앙이 좋은 집사님인데도 벚꽃 피는 봄이면 주일 예배에 빠지는 집사님은 그 자녀도 주일 성수 개념이 약한 것을 보았다.

자녀에게 정직해야 한다고 가르치면서 엄마는 곤란한 상황에 부딪치면 망설임 없이 거짓말하는 모습을 행동으로 보여준다면 아이들은 부모의 말을 듣고 배울 것인가, 삶을 보고 배울 것인가?

부모는 자녀의 거울이고 자녀는 부모의 거울이다. 성인이 된 자녀에게 부족한 모습이 보인다면 부모 자신이 그런 모습으로 살아왔는지를 돌아볼 일이다.

## ♤ 남아공 유학

남편은 아이들이 갓난아기 때 기저귀도 갈아주고 우유도 먹여주고 재워주기도 하며 참 예뻐했다. 그러면서도

"중학생 때까지만 키워주고 더 크면 밖으로 내 보낼거야. 외국으

로든지, 국내라면 기숙사가 있는 학교에 보내서 빨리 독립 시킬거야." 하는 것이었다. 그 말을 듣고

"아니, 아직 갓난아기인데 왜 벌써 그런 말을 해요? 그래도 고등학교 때까지는 키워줘야죠."

하고 말하면

"내가 중2때 울릉도에서 나와 자취를 했는데 고생은 많이 했지만 독립심과 자립심도 생기고 좋은 점이 많았어. 아들이니 그렇게 키워야지." 하는 것이었다.


큰 아이가 중학교에 입학하자 나를 닮아 키도 작고 몸도 약한 아들이 학교생활에 잘 적응하고 있는지, 교우관계는 어떤지 궁금했다. 첫 번째 부모 모임이 있을 때 학교에 가서 담임선생님을 만났다.

"선생님 안녕하세요? 김장호 엄마입니다. 장호의 학교생활은 어떤지요?"

나의 말이 끝나기가 무섭게 선생님은 성적표를 보여주면서

"장호는 암기과목 성적이 떨어지는데요, 암기과목 공부를 많이 시켜주세요. 그리고 수학 성적도 높지 않은데 수학은 학원을 좀 보내시는게 좋겠어요."

선생님을 만나고 돌아오면서 나의 마음은 무척 착잡했다.

'내가 너무 순진했었나?' 아이를 중학교에 보내놓고 무슨 유치원이나 초등학생 때처럼 학교생활 적응은 잘 하고 있는지, 교우관계는 어떤지 이런 것들을 물어보려고 했었던 자신이 너무 어리석게 느껴졌다.

첫 시험을 치른 후 과학 선생님이 성적이 낮은 아이들의 머리를 매로 때렸다는 이야기를 들었을 때 아이들을 성적으로만 평가하고 친구들 앞에서 머리를 때리는 이런 환경의 중고등학교에 우리 아이의 교육을 맡겨야 한다는 것이 무척 걱정스러웠다. 학교에 다녀온 후 남편과 대화하며 아이를 기독교 대안학교에 보내는 것이 좋겠다고 의견을 나눴다.

그 무렵 노록수선교사님이 우리교회 학생회 집회 강사로 오셨는데 집회기간 동안 남편의 서재에 머무시며 말씀을 전하게 되었다. 3일 동안 집회가 없는 시간에는 남편과 함께 대화하며 교제하는 시간을 가졌다. 대화 중에 노목사님이 우리 부부와 동갑이며 자녀들도 우리 아이들과 나이가 비슷하다는 것을 알게 되었다.

남아공의 교육환경은 어떤지 물어보니 남아공은 고등학생들도 오후 1시가 되면 집에 오고 공부에 매이지 않고 운동을 많이 시키고 아이들이 무척 자유롭다고 하셨다. 그 말씀을 듣고 남편은

"우리 아이들도 그런 환경에서 공부시키고 싶은데 노목사님 안식년 끝나고 남아공 들어가실 때 우리 아이들 좀 데려가주시면 안될까요?"

불가능할거라고 생각을 하면서도 그런 질문을 했다.

그러자 노목사님이

"우리가 지금까지 계속 대학생들을 데리고 살아서 아내가 많이 힘들어 했어요. 내 아내만 찬성하면 데리고 가겠습니다."

하시는 게 아닌가! 그리고 그 자리에서 사모님과 통화를 하셨는데 놀랍게도 사모님은 한 번에 오케이 하셨다.

참으로 놀라운 일이 아닐 수 없었다. 서로 잘 알지도 못했던 노목사님과 처음 만나, 대화 중에 우리 아이들을 마음껏 책을 읽고 영어도 배울 수 있는 남아공 같은 환경에서 공부하게 하고 싶다는 바램을 가지고 얘기했는데 그 자리에서 바로 허락이 된 것이다.

아이들에게 얘기했을 때 처음에는

"싫어요. 저는 남아공 안 가고 싶어요. 아버지 어머니와 함께 살고 싶어요."

라고 했다. 우리는 하나님의 뜻을 알기 위해 가정예배를 드릴 때마다 하나님이 기뻐하시는 뜻이라면 갈 수 있게 해주시고 하나님 뜻이 아니라면 길을 막아달라고 기도했다. 서서히 아이들의 마음이 변하게 되었고 스스로 가겠다고 했다.

그때부터 아이들의 유학절차는 일사천리로 진행되었고 하나님
의 놀라운 계획 가운데 두 아들의 남아공 유학의 길이 열렸다. 큰
아이가 중2를 마쳤고 둘째 아이가 초등학교를 졸업한 때였다.

## ♤ 두 아들을 하나님께 맡기다

아이들을 보내기 전에 나는 두 아들에게 시편 121편을 암송하
게 했다.

"장호야, 지호야! 너희들을 남아공으로 보내고 나면 아부지 어머
니가 너희들을 위해 해줄 수 있는 건 기도하는 일과 돈을 보내주는
일밖에 없어. 이제 너희들을 하나님께 맡기고 보낸다. 너희들도 아
무리 힘든 일이 있어도 엄마 아부지가 달려가서 도와줄 수 없다는
거 잘 알지? 시편 121편 말씀을 늘 기억해라. 너의 도움은 천지를 지
으신 하나님께 있어. 하나님은 졸지도 주무시지도 않고 너를 지키
시고 너의 출입을 지금부터 영원까지 지켜주실거야."

하고 말했다. 그리고 두 아들을 하나님께 완전히 맡겨버렸다.

"주님, 저는 위탁자일 뿐이고 이 아이들의 진짜 아버지이신 하
나님께 이 아이들을 완전히 맡깁니다. 주님이 알아서 키워주시옵
소서."

그런 후에 더 이상 걱정하지 않았다. 다만 기도할 뿐이었다.


아이들을 남아공으로 유학 보낸 지 1년이 지난 후 교회에서 6개월간의 안식년을 허락해주셔서 남아공으로 가게 되었다.

보고 싶고 그리웠던 두 아들을 만나서 품에 안았을 때 1년 동안 부쩍 자란 건강하고 활기찬 아들들의 모습을 볼 수 있었다. 공부에 스트레스 받지 않고 또래 친구인 노선교사님의 아들, 딸들과 행복하게 잘 자라고 있었다.


나는 1년 동안 두 아들에게 못 해줬던 엄마 노릇을 하기 위해 매일 아이들을 학교에 챙겨 보내고 부엌에서 요리를 했다. 요리솜씨가 없는 나였지만 사모님과 함께 11명의 대식구 요리를 하는 것이 재미있었다.

## ♤ 엔젤스 하우스

우리 부부는 남아공 픽스버그의 노선교사님 집에서 4개월을 함께 지냈다. 마침 그 때 노선교사님이 에이즈 고아들을 키우기 위한 엔젤스 하우스를 막 시작하려던 시기였다. 남아공은 에이즈 환자 사망률이 아주 높았고 에이즈로 부모를 잃은 고아들도 많았다.

노선교사님은 마당 한쪽에 있는 건물을 개조하여 엔젤스하우스를 세운다는 계획은 있었지만 구체적으로 어떻게 할지는 정해지지 않은 때였다.

남편은 손재주가 좋고 아이디어도 많은 사람이었다. 노선교사님의 계획을 듣자 남편은 그 건물에 필요한 것들을 하나씩 직접 만들기 시작했다. 나무를 사오고 온갖 재료를 사와서 창고에서 작업을 시작했다. 입소하기로 된 11명의 아이는 갓난아기부터 두세 살의 어린 아기들이었다. 남편은 그 아기들을 누일 침대 11개와 벽난로와 책상과 주방 싱크대와 화장실까지 하나씩 만들어갔다.

평소에 집에서 필요한 것들을 뚝딱뚝딱 잘 만들고 고쳐 쓰기도 했지만 이렇게 큰 공사는 한 번도 안 해본 남편이었는데....
하나님께서 모세에게 성막을 지으라고 하시고 오홀리압과 브살렐에게 지혜를 주셔서 세밀하게 잘 만들 수 있게 하신 것처럼 남편에게도 지혜를 주셔서 신기하게 잘도 만들게 해주셨다.
4개월 만에 엔젤스 하우스가 잘 완성되고 아기들이 한 명 두 명 입소하기 시작했다.
엔젤스 하우스의 입소 예배를 마친 후 남편과 나는 큰 결단을 내리게 되었다.

## ♠ 킹스스쿨에서 보이스하이스쿨로

　안식년으로 남아공에 갔을 때 제일 먼저 아이들이 다니는 킹스스쿨에 가서 둘러봤다. 환경이 열악하기 짝이 없었다. 그때가 남아공의 8월 추운 겨울이었는데 교실에 난방기 돌아가는 소리가 탱크소리 만큼 커서 대화가 잘 안 들릴 정도였다. 큰 소리에 비해 난방효과는 좋지 않아 교실이 너무 추워서 아이들의 손과 발에 동상이 걸려 있었다. 교실과 책걸상도 한국의 60년대 같은 환경이었다.

　영어를 배우는 것도 개인 진도에 맞춰 아주 천천히 배워서 남아공에 간지 1년 5개월이 되었는데도 기대만큼 효과가 없는 것 같았다. 우리는 처음에 2~3년간 남아공에서 공부하고 한국으로 돌아와서 고등학교는 대안학교로 보낸다는 계획을 가지고 보냈다. 남아공에 있는 동안 자유로운 환경 속에서 책을 많이 읽고 영어를 확실하게 배워가기를 원했다. 그런데 환경과 교육이 기대에 미치지 못해서 많은 고민이 되었다.

　그때 마침 안락제일교회에서 함께 사역했었던 심목사님이 우리가 남아공에 왔다는 소식을 듣고 연락을 해왔다. 심목사님은 포체스크룸에서 신학공부를 하고 있었는데 자기 가정에서 장호와 지호를 돌봐주고 싶다고 말씀하셨다.

우리 부부는 많이 기도하고 생각한 후 노선교사님과 의논하고 장호와 지호를 설득하여 심목사님 집으로 옮기기로 결정을 내렸다.

아이들을 남아공으로 데려가 주시고 1년 6개월 동안 자식처럼 돌봐주신 노록수선교사님과 사모님께 감사하는 마음을 간직한 채 포체스트룸으로 이사를 하게 되었다. 아이들을 포체스트룸 보이스 하이스쿨로 전학시키고 학교에 잘 다니는 모습을 보고, 우리는 유치원 일로 계획보다 한 달 일찍 한국으로 돌아오게 되었다.

2년 후 심목사님이 유학을 마치고 한국으로 돌아오게 되었을 때 두 아들의 거취를 의논했다. 포체스트룸 하이스쿨에서 한창 공부에 박차를 가하고 있는데 한국으로 돌아가는 것보다 고등학교 과정까지 남아공에서 마치는 것이 좋겠다고 결론을 내렸다.

그런데 한국인이 운영하는 하숙집은 한 사람당 백 만원으로 너무 비쌌다. 우리는 심목사님 집처럼 저렴한 돈으로 하숙할 수 있는 남아공 현지인 집을 알아보도록 부탁을 드렸고, 젊은 백인 부부의 집에 하숙을 하게 되었다.

그때는 해외 전화요금이 많이 비싸서 한 달에 한 번 정도 아이들과 통화를 하고 매주 주일에는 아이들이 이메일을 보내왔다. 보통

A4용지 4장~5장 정도로 한 주간 동안 있었던 일과 학교생활과 선생님과 친구들 이야기, 수련회 갔던 이야기, 캠프 갔던 이야기, 교회에서 들었던 설교내용 등 아주 상세하게 편지를 썼기 때문에 우리는 멀리서도 아이들의 생활을 잘 알 수 있었다.

두 아들은 매주 각각 많은 분량의 편지를 쓰면서 글쓰기 능력이 탄탄해졌다. 나도 아이들과 이메일을 주고받으며 한글 자판과 컴퓨터 사용 능력을 키우게 되었고 그것이 유치원 업무에 많은 도움이 되었다. 그 시절 우리 부부는 아이들의 편지 읽는 재미로 살았다. 월요일 새벽기도를 마치면 이메일을 열어서 편지를 출력하여 서로 돌려보며 읽었는데 그 시간이 참 행복했다. 그때 보내온 수백 장의 편지는 지금 우리집 가보가 되어있다.

편지를 읽은 후에는 남편과 내가 각각 답장을 쓰고 한국의 소식들도 알려줬다. 그런데 두 아들은, 항상 잘 지내고 있고 아무 문제 없다고 해서 우리는 잘 지내는 줄 알았다.

## ♤ 힘들었던 유학생활

어느 날 두 자녀를 남아공에 유학 보낸 이웃 교회의 사모님에게서 전화가 왔다.

"사모님, 제가 이번에 우리 아이들 보러 남아공에 다녀왔어요. 그런데 김목사님, 사모님! 부모 맞아요? 장호 지호가 남아공에서 밥도 잘 못 얻어먹어 너무 많이 말랐던데 아이들을 그런 집에 맡겨놓고 어떻게 지내는지 모르세요?"

우리는 깜짝 놀랐다. 아이들은 늘 잘 지낸다고 했고 우리는 아이들 말만 듣고 그런 줄 알았는데...

남편이 급히 남아공으로 날아갔다. 정말 듣던 대로 너무 열악하게 지내고 살도 많이 빠져 있는 아들들을 보면서 남편은 눈물이 났다고 했다. 한창 클 시기에 냉장고 안에 먹을 것이 없고, 아침에 찬물에 보리껍질 같은 것을 타 먹고 학교에 가고, 다녀와서도 배불리 먹지 못한다고 했다. 젊은 부부가 하숙비를 받아서 대출금으로 갚고 자기들 쪼들린다고 먹을 것을 제대로 안 챙겨줬던 것이다.

남편은 포체스트룸에 계시는 한국 목사님의 도움을 받아 급히 하숙집을 옮겼다. 백인 장로님 부부 집이었는데 똑같은 저렴한 하숙비로 유학을 마칠 때까지 넉넉하게 먹고 편안하게 잘 지낼 수 있었다.

아이들이 유학을 마치고 돌아왔을 때 내가 물었다.

"장호야, 지호야, 너희들이 남아공에서 1년 이상 밥도 잘 못 얻어먹고 고생한 거 생각하면 엄마가 너무 미안해. 우리 형편 어렵다고 너희들을 넉넉한 집에 보내주지 못했어. 그런데 왜 그때 힘들다고 말하지 않았니?"

그때 아들들이 말했다.

"어머니, 배가 좀 고파서 그렇지 그런대로 괜찮았어요. 그리고 그런 과정도 우리에게 필요하니까 하나님께서 주신 것이라고 생각해요."

두 아들이 너무 빨리 부모를 떠나서 사춘기도 없이 빨리 철이 들어서 마음이 아팠다.

하지만 하나님께서 6년간 그 먼 이역만리 타국에서 두 아들을 지켜 주시고 함께 해주신 은혜는 생각할수록 감사 감사밖에 없었다.

## ♤ 한동대학으로

큰아들 장호가 초등학교 2학년이었을 때 국민일보에서 한 기사를 보았다. 기독교 대학인 한동대학의 설립에 관한 기사였는데 학교의 설립이념이나 정신이 너무 좋았다. 그 기사를 읽고 나는 하나님께 기도했다.

"하나님 아버지, 우리 두 아들 장호와 지호가 한동대학에 꼭 들어가게 해 주시옵소서."

12년의 세월이 지난 후 우리 아이들이 입학할 당시에 한동대학은 성적이 아주 높아야 들어갈 수 있는 기독교 명문대학이 되어있었

다. 포체스트룸 하이스쿨에서 12학년이 되었을 때 아들들에게 한동
대학에 입학하기 위한 서류를 잘 준비하라고 말하고 나도 아이들이
보내주는 서류와 상장들을 차곡차곡 모았다.

입학서류를 접수한 후 아이들이 한국으로 와서 면접시험을 치르
고 다시 남아공으로 돌아갔다. 합격자 발표가 날 때까지 나는 하루
에 두 번씩 새벽과 밤에 집중적으로 기도했다.


하나님께서는 나의 간절한 기도에 "그래!"라고 응답하셨다. 두
아들이 함께 합격하게 된 것이다. (큰 아들이 남아공에서 학년을 낮춰 동
생과 같은 학년에서 공부를 했다.) 합격소식을 들었을 때 얼마나 기쁘고
감사했던지 눈물을 흘리며 감사드렸다. 어떤 명문대학에 합격한 것
보다 하나님의 대학인 한동대학에서 공부할 수 있게 된 것이 너무
도 감사했다.


한동대학은 '세상을 변화시키자'는 슬로건 아래 '공부해서
남 주자'라는 생각을 가진 하나님의 사람으로 키우는 교회같은
학교였다.

나는 대학생이 된 아들들에게 '너희는 이 세대를 본받지 말고 오
직 마음을 새롭게 함으로 변화를 받아 하나님의 선하시고 기뻐하시
고 온전하신 뜻이 무엇인지 분별하도록 하라(로마서 12:2)'는 말씀

을 늘 기억하고 세상 문화에 물들지 않도록 당부했다.

두 아들은 좋은 교수님들과, 앞서가는 선배들과, 멋진 친구들과 함께 했던 대학생활이 참 좋았다고 말한다.

## ♧ 세상 속으로

대학에서 컴퓨터공학을 전공한 큰아들은 하나님 은혜로 네이버에 입사했다. 자기가 좋아하는 일을 하면서 돈을 버니 1석2조라고 하면서 지금까지 성실하게 직장생활을 잘 하고 있다. 하나님과 사람 앞에서 신실했던 요셉으로 인해 보디발의 가정이 번창하고 애굽나라가 복을 받은 것처럼 하나님과 사람 앞에서 신실한 장호로 인해 네이버 회사가 복을 받고 번창하기를 기도하고 있다.

둘째 아들은 대학 졸업을 앞두고 '아버지 어머니 제가 취업하기전에 저의 인생에서 1년이라는 시간을 하나님께 드리고 싶은데 부모님의 허락을 받고 싶습니다.'하고 메일을 보내왔다. 남편과 나는 기꺼이 허락했고 온두라스에서 선교사님이 운영하는 국제학교 영어교사로 1년 6개월간 봉사했다.

그후 150대 1의 경쟁률을 뚫고 의류무역회사인 세아상역에 입사했다. 5년의 직장생활 중 3년간 과테말라에서 해외근무를 했다. 지금은 자기가 정말 하고 싶은 은사를 찾아 대학원에서 통,번역 공부를 하고 있다. 앞으로 실력 있는 통역사, 번역사가 되어 필요한 곳에 쓰임 받는 사람이 되기를 기도하고 있다.

벌써 30대 중반인데 아들들의 결혼이 늦어지는 것 같아 조바심이 날 때도 있지만 두 아들을 향한 하나님의 계획과 인도하심을 믿기에 다시 평안을 얻는다. 봄에 피는 꽃도 있고 가을에 피는 꽃도 있듯이 각자의 때가 있을 것이라 생각한다. 각자에게 가장 적합한 배우자를 예비하신 하나님께서 하나님의 때에 만나게 하시고 아름다운 믿음의 가정 이루어 하나님께 더욱 영광 돌리게 하실 날이 올 것을 믿는다.

자녀들을 생각하면 감사한 일이 참 많다. 두 자녀로 인해 우리가 누린 기쁨이 너무도 많고 자녀로 인해 기도하고 응답받은 일도 많고 자녀로 인해 우리가 깎이고 연단된 부분도 많다.

오늘 내가 네게 명하는 이 말씀을 너는 마음에 새기고 네 자녀에게 부지런히 가르치며 집에 앉았을 때에든지 길을 갈 때에든지 누워 있을 때에든지 일어날 때에든지 이 말씀을 강론할 것이며 (신명기 6:6~7)

## 7. 부모 되기 위한 준비

엄마로서 두 아들을 양육하면서 나름대로 자녀교육의 원칙을 정해서 잘 적용했던 것도 있지만 돌아보면 부족하고 아쉬웠던 것들도 많이 있다.

좋은 부모가 되기 위해서는 부모교육도 받고 부모가 될 준비를 해야 한다. 부모가 되기 위한 준비는 언제부터 해야 할까? 사실은 태어났을 때부터 부모가 되기 위한 준비는 시작되고 있다.

왜냐하면 대부분의 사람들은 자녀를 양육할 때 어릴 때 부모님이 자기를 키웠던 방식대로 양육하기 때문이다. 자기가 싫어했던 부모의 모습을 그대로 답습하거나 정반대로 하기도 한다.

내가 초등학교 4학년쯤 되었을 때였다. 장마철인데 비가 억수같이 쏟아져서 순식간에 물이 무릎 위에까지 차올랐다. 교실 밖에는 자녀들을 데리러 온 부모님들이 우산을 가지고 기다리고 있었다. 수업을 마치자 한 명 두 명 친구들이 부모님과 함께 돌아가고 교실 안에는 몇 명 남지 않았다. 아무리 기다려도 어머니가 데리러 올 기미는 보이지 않았다. 나는 밖으로 나가 가방을 머리에 이고 물을 휘저으며 걷기 시작했다. 쏟아지는 비에 금세 온몸이 다 젖었다.

집까지는 20분 거리였지만 빗속을 헤치고 가느라 30분이 넘게

걸린 것 같았다. 겨우 집에 도착했을 때 어머니가 집에 계셨다. 너무도 서운한 마음에

"어머니는 집에 있으면서 이렇게 비가 많이 오는데 데리러 오지도 않고 뭐해요? 다른 애들은 다 엄마가 와서 데리고 갔는데..."

짜증 섞인 말로 물었다.

"와? 비 맞고 오는 애가 니밖에 없더나? 니만 비 맞고 왔나? 애가 네 명인데 내가 누구를 데리러 갈끼고?"

어머니는 네 명의 자녀를 다 데리러 갈 수 없으니 한 명도 안 데리러 가는 쪽을 선택하셨고 이런 빗속에서도 혼자서 집으로 돌아올 수 있도록 강하게 키우고 싶으셨던 것이다.

옷을 갈아입고 너무 추워서 이불을 뒤집어썼다. 열이 올라 밤새 이불 속에서 덜덜 떨며 울었다. 몸이 아픈 것보다 비를 쫄딱 맞고 돌아온 나에게 따뜻한 말 한마디 해주시지 않고 오히려 나무라듯 하시는 어머니가 너무 섭섭해서 눈물 흘렸던 기억이 생생했다.


내가 엄마가 되고 두 아들이 초등학교에 다니기 시작했을 때 빗방울이 조금만 떨어져도 우산을 두 개 챙겨서 학교로 달려갔다.

교문 앞에서 아무리 기다려도 아이들이 나타나지 않아서 교실로 찾아가 보니 두 아이 다 교실에 없었다. 놀라서 집으로 돌아오니 아이들은 비에 젖은 옷과 가방을 마루에 던져놓고 팬티 바람으로 방

에서 재미있게 놀고 있었다.

"장호야, 지호야, 엄마가 교문 앞에서 얼마나 기다렸는데 언제 집에 온 거니? 비 맞고 오느라 옷이 젖어서 춥지 않았어?"

"괜찮아요, 머리만 안 맞으면 돼요. 실내화 주머니 머리에 뒤집어 쓰고 와서 괜찮았어요. 비 와도 안 데리러 오셔도 돼요."

그 이후에도 몇 번 우산을 들고 학교 앞에 갔지만 아이들은 비가 와도, 엄마를 못 만나도 전혀 상관치 않고 씩씩하게 잘도 뛰어왔다.

이렇듯 부모가 된 후 자기의 어린 시절 모습이 반영된다. 그래서 좋은 부모가 되기 위해서는 자기 부모의 양육방식 중에서 좋지 않았던 것들을 끊어내며, 부모 되기 위한 공부를 하는 부모학교가 반드시 필요하다. 부모학교에서 교육과 훈련을 받고 부모 자격증도 발급받아서 그 후에 자녀를 출산하고 양육한다면 이 세상에는 좀 더 행복한 아이가 많아질 것이다.

자녀교육에서 가장 중요한 것은 부모가 먼저 자기 자신을 아는 것이다. 자기가 어떤 부모 밑에서 어떤 양육을 받고 자랐는지, 어떤 상처가 있는지, 그 상처는 잘 해결이 되었는지, 자기의 성격은 어떠한지, 분노조절은 어떻게 하고 있는지 등등...

지피지기면 백전백승이라고 먼저 자신을 잘 아는 것이 중요하다. 자녀를 양육하는 것은 자신의 전인격을 드러내며 자녀와 부딪히며 양육해야 하는 것이기 때문이다. 먼저 자기를 알고, 상처가 있다면 해결해야 할 것이다.

## ♤ 비교하지 말고 서두르지 말고

자녀교육에서 두 번째로 중요한 것은 내 자녀가 어떤 존재인지 아는 것이다.

처음 아기를 낳으면 너무 예쁘고 사랑스러워 눈에 넣어도 아프지 않을 것 같고 이 아이를 위해서라면 뭐든지 다 해주고 싶은 것이 부모의 마음이다. 그러나 먼저 알아야 할 것은 이렇게 사랑스러운 내 자녀라도 그 아이가 죄인이라는 사실이다.

아기는 자라가면서 가르쳐주지 않아도 고집 피우고 짜증 부리고 떼쓰고 화내고 거짓말하고 불순종하면서 죄짓는 것을 스스로 잘 한다. 그래서 부모는 자녀가 아기 때부터 하나님의 말씀을 가르치고 자녀의 의지와 이해력이 자랐을 때 구원상담을 통하여 하나님의 자녀가 되도록 이끌어줘야 한다.

자녀에 대해 부모가 또 알아야 할 것은 내 아이의 기질과 하나님께서 주신 은사가 무엇인지를 알아야 한다. 어릴 때부터 잘 살펴서 부모가 알고 지혜롭게 이끌어줄 수 있어야겠다.

중학교 2학년이 되기 전에 은사가 있는 쪽으로 전공을 정하고 미리 준비하게 하여 그 준비한 대로 대학에 진학하고 직장도 전공한 쪽으로 가서 자기가 좋아하고 잘 할 수 있는 분야에서 일을 한다면 행복한 삶을 살 수 있을 것이다.

나는 유치원 원장으로 재직할 때 '다중지능 적성검사'에 대한 공부를 하고 다중지능평가사 자격증도 취득했다. 선천적으로 타고난 기질과 적성과 잠재되어 있는 지능을 찾아내는 이 검사는 80%이상의 정확도로 상당히 신뢰성이 있다. 자녀를 더욱 잘 이해하기 위해 이런 다양한 검사 도구들을 활용한다면 많은 도움이 될 것이다.

부모는 또 자기 자녀의 발달단계를 잘 알아야 한다. 그 연령대 아이들의 발달 과정을 잘 이해하고 거기에 맞춰서 이끌어줘야 한다.

"우리나라의 자녀교육은 옆집 엄마가 시킨다."는 말이 있다. 부모가 자기 자녀의 은사와 발달단계도 알지 못하고 늘 옆집 아이와 비교하고 옆집 아이가 이 학원에 다니면 내 아이도 그 학원에 보내고 하는 부모들이 의외로 많은 것을 본다. 내 자녀를 있는 그대로 바라보며 다른 아이와 비교하지 말고 내 자녀의 속도만큼 가게 해야 한다.

자녀교육에 있어 꼭 명심해야 할 것은 '비교하지 말고! 서두르지 말고!' 이다.

## ♤ 성경적인 바른 가치관과 도덕관

자녀교육에 있어서 세 번째로 중요한 것은 성경적인 바른 가치관과 도덕관을 가르치는 것이다.

자녀가 어릴 때부터 이것을 가르치지 않으면 거대한 파도와 같이 산더미처럼 몰려오는 죄악의 물결에 한순간에 휩쓸려가고 말 것이다. 지금 이 시대는 도덕이 무너지고 성이 무너지고 가정이 해체되고 있다. 이런 죄악 된 세상 속에서 살아갈 우리 자녀들에게 어릴 때부터 철저히 성경적인 가치관과 도덕관 교육을 하는 것은 정말 중요하다. 아이가 유치원과 초등학교 저학년 시기인 만5~7세 사이에 도덕성이 정착된다고 한다. 자녀가 어릴 때 철저히 잘 가르쳐서 죄악의 파도에 휩쓸려가지 않고 파도를 거슬러 갈 수 있는 힘을 길러주는 부모가 되어야 한다.

## ♠ 자녀교육의 근본은 홀로서기를 가르치는 것

자녀교육에 있어서 네 번째로 중요한 것은 홀로서기를 가르치는 것이다. 태중에 있을 때 자녀는 엄마와 한 몸이었지만 태어나는 순간부터 분리가 이루어진다. 그때부터 자녀는 끊임없이 홀로서기를 하기 위해 몸부림친다. 그런데 우리나라 부모들은 자녀가 홀로서기를 못하도록 철저히 방해를 한다. 사랑이라는 명목으로 다 해주면서...

자녀가 갓난아기 때는 당연히 먹이고 입히고 씻기고 생존에 필요한 모든 것을 다 해주며 보호하고 양육해야 한다. 그런데 자녀는 조금만 자라도

"내가 할거야, 내가 내가!"

하며 그 작은 고사리손으로 음식을 움켜쥐고 입으로 가져가고 스스로 뭐든 해보려 한다. 이때 부모는 아무리 어질러져도 혼자 떠먹을 수 있도록 스스로 할 수 있는 경험을 하게 해줘야 한다.

배밀이를 하다가 기어 다니기 시작하고 걸음마를 하는 과정이 수많은 반복을 통해 스스로 하게 되는 것처럼, 살아가는데 가장 기초적인 것들을 스스로 할 수 있는 기회를 많이 주어야 한다.

밥 숟가락질 하는 것, 세수하는 것, 양치질 하는 것, 옷을 입고 벗

는 것, 신발 신는 것, 젓가락 사용하는 것 등 인생을 살아가는 데 가장 기초적인 것들을 처음 익힐 때 시간이 많이 걸리고 답답하다. 하지만 부모가 다 해준다면 스스로 하고자 하는 아이의 자발성이 자라지 못하게 되고 그렇게 키운 자녀는 성인이 되어도 부모가 따라다니며 챙겨주어야 할 것이다.

발달단계에 따라 자녀가 할 수 있는 일은 스스로 할 수 있도록 기다려주고 혼자 해냈을 때 칭찬과 격려를 하여 성취감을 느낄 수 있도록 해주어야 한다.

어릴 때부터 부모가 모든 것 다 해주고 공부만 하는 기계로 만들어버리면 성인이 되어도 자기 방 정리나 청소도 스스로 하지 못하고 혼자서는 아무 결정도 하지 못하는 마마보이, 마마걸이 된다. 그래서 부모에게서 독립하지 못하게 된다. 부모는 자녀가 결혼을 해도 끊임없이 간섭하면서 독립시키지 못하게 되는 헬리콥트맘이 된다.

자녀교육의 근본은 홀로서기를 가르치는 것이다.

홀로서기를 가르치기 위해서는 자녀가 어릴 때부터 스스로 할 수 있도록 격려하고 참고 기다려주어야 한다.

자녀교육에 있어서 가장 필요한 부모의 성품은 바로 '인내'이다.

참고 또 참고 기다려주는 것이다.

나도 지금 와서 되돌아 보면 다시 키우면 좀 더 잘 키울 수 있을
듯한데 목회하느라 제대로 못 돌 봐준 미안함도 늘 있지만, 하늘 아
부지께서 잘 키워주셨음에 감사드린다.

> 여호와를 경외하는 것이 지혜의 근본이요 거룩하신 자를 아는 것이
> 명철이니라 (잠언 9:10)

# 5부
# 인생 2막을 열면서

## 1. 동부교회 30년 목회

결혼과 동시에 사모가 되었을 때 나는 참 두려웠다. 사모로서 어떻게 살아야 할지 목회자인 남편을 어떻게 내조해야 하는지 아무것도 알지 못했기 때문이다.

서점에 가서 〈사모학〉이라는 책과 사모들이 쓴 책 3권을 사서 읽었다. 하지만 그 책들을 읽으면서 나는 오히려 좌절했다. 새벽 3시부터 교회에 가서 기도하는 사모님, 매일 철야기도 하는 사모님, 목사님을 도와 교회를 부흥시킨 사모님들의 이야기를 읽으며 더욱 사모라는 것에 두려움을 갖게 됐다. 내가 도저히 따라갈 수 없는 거룩하고 능력이 있는 분들의 이야기였기 때문이다.

황새가 뱁새 따라가다가는 가랑이 찢어진다는 말이 있듯이 큰 교회의 거룩한 사모님들 따라가려다간 가랑이가 찢어질 거 같았다.


남편은 결혼할 때 내게 말했다.

"사모는 늘 3가지 준비를 하고 살아야 합니다. 심방 갈 준비, 이사 갈 준비, 죽을 준비..."

거기에다 남편은 또 말했다.

"사모는 교회에서 보일 듯 말 듯 해야 합니다. 너무 설쳐서 드러나도 안 되고 너무 뒷전에 있어서 안 보여도 안 되고 보일 듯 말 듯!"

'아! 도대체 어떻게 하라는 말인가? 어떻게 처신하는 것이 가장 사모다운 것일까?'

참 어려운 자리가 사모의 자리인 건 분명했다. 직분이 없는 평신도이면서도 평신도의 자리에 머물러서는 안 되는 애매한 자리, 교회 안에서 어떤 포지션도 없지만 있어야 할 모든 곳에는 다 있어야 하는 자리가 사모의 자리였다. 나는 훌륭한 사모님들을 따라가진 못하겠지만 내 모습 이대로 최선을 다하자고 생각했다.

〈사모학〉 책을 읽으면서 명심해둔 것은 '사모는 성도 가정에 심방은 가되 사적으로 놀러 가면 안된다.'는 것과 '성도 중에 특별히 가깝게 지내거나 친한 사람이 있어서도 안된다.'는 것이었다. 책을 통해 사모는 외로운 자리라는 것을 알게 되었다.


결혼 후 1년 만에 개척교회 사모가 되었을 때는 보이는 대로 다 했다. 남편이 심방 가면 자는 아기도 둘러업고 따라갔고 구역예배도 철야기도도 새벽기도도 빠지지 않고 나갔다.

장림교회에서는 부목사 사모였지만 구역장을 맡아 두 아이를 데리고 다니면서 구역예배를 이끌었다.

동부교회에도 부목사 사모로 왔을 때부터 구역장을 맡아 14년 동안 구역예배를 이끌었다. 교회 사역이 늘어가면서 나의 사역도 하나씩 더해졌다. 화요일에는 노인대학에서 성경이야기 전해드리고 수요일에는 유치원 설교, 주일엔 유치부 설교하고, 가정사역 강의를 개설했을 땐 밤을 새워 강의준비를 하여 4~5주간씩 강의를 했다.

매일 출근하여 유치원 업무를 보다가 교회 심방 일정이 생기면 함께 동행했고 초상이 나면 3일 동안 하루에 두 번씩 장례예배에 다녔다.

토요일에는 청소와 빨래 등 집안일을 하고 좀 쉬어야 하는데 그 마저도 결혼식이나 장례예배, 유치원 행사라도 있는 날이면 1주일 내내 쉬는 날이 없을 때도 있었다. 힘들었지만 주님께서 맡기신 일이라 생각하고 앞만 보고 열심히 달려왔다.


그런데 점점 시간이 갈수록 과부하가 걸리기 시작했다. 늘 피곤한 상태로 살다 보니 편도가 심하게 부어서 물도 삼키기 힘들게 되고 열이 오르고 온몸이 견딜 수 없이 아프게 되는 몸살을 자주 앓게 되었다. 신경성 위장병으로 소화제를 달고 살게 되었다.

심적으로도 늘 마음을 조아리며 얼음판을 걷는 느낌으로, 편하게 내려놓지 못하고 항상 마음을 들고 살았다. 사모가 된 후부터 한 번도 마음 편히 살지 못했는데 이제는 이 짐을 좀 내려놓고 싶고 쉬고 싶다는 생각이 들었다.

나만 그런 것이 아니었다. 남편도 점점 지쳐가는 것이 보였다. 눈이 흐릿해져서 책을 오래 읽기가 힘들어지고 설교 준비하는 것도 많이 힘든다고 했다. 강단에 올라가면 설교하기 전까지 항상 배가 아픈 것도 힘들다고 했다.

두 사람 다 육체적으로 정신적으로 많이 지친 모습을 서로 바라보며 우리 부부의 마음속에 공통적으로 든 생각이 있었다. 그것은 '이렇게 지친 우리가 목회를 계속하게 되면 앞으로 우리교회는 부흥하기 힘들겠다.'는 생각이었다.


자연스럽게 은퇴에 대한 이야기가 나왔고 우리가 조기 은퇴를 하는 것이 교회를 위해서도, 우리 자신들을 위해서도 좋겠다는 이야기를 나누게 되었다. 구체적으로 은퇴 시기를 놓고 의논하다가 2020년이 되면 만60세가 되고 동부교회에서 30년 동안 목회하게 되는데 2020, 60, 30 이렇게 0이 3개 딱 떨어지는 그해에 유치원과 교회를 내려놓고 함께 은퇴하자고 이야기를 나누었다.


마음의 경영은 사람에게 있어도 말의 응답은 여호와께로부터 나오느니라 (잠언 16:1)

## 2. 안녕! 사랑관 301호

우리 부부는 3년 전부터 은퇴를 위해 기도로 준비했다. 그때부터 나의 기도 제목은 첫째, 은퇴할 때까지 목회사역 가운데 악한 마귀 절대 틈타지 못하도록 지켜주소서. 둘째, 아름다운 마무리를 잘 할 수 있게 하소서. 셋째, 좋은 후임 목사님을 보내주셔서 동부교회를 푸른 초장으로 잘 이끌어갈 수 있게 하소서. 넷째, 은퇴 후의 삶을 주님의 선하신 계획 가운데 인도하시고 사용해 주소서 였다.

기도로 준비한 지 1년 후인 2018년에 남편은 당회에 은퇴 의사를 밝혔다. 처음에는 장로님들이 많이 반대하셨지만, 남편의 은퇴 의지가 워낙 확고했기에 당회가 받아들였다. 당회에서는 좋은 후임 목사님을 모시기 위해 기도하고 준비하기 시작했다.

1년 이상 여러 과정을 거쳐서 많은 훌륭한 목사님들 중에서 박종 윤목사님을 후임으로 결정했다. 박목사님은 캐나다에서 예수전도 단 간사 사역과 한인목회와 과테말라 선교사역 등 15년간 다양한 사역을 해오셨다. 성품이 어질고 설교 말씀도 좋은 박목사님은 우리교회의 부목사로 오셔서 8개월간 함께 사역을 했다.

남편과 나는 은퇴 후의 거취에 대해 의논했다. 나는 은퇴를 하면 진해를 떠나는 것이 좋겠다고 했지만 남편의 생각은 달랐다.

"한국 교회 목사님들이 은퇴를 하면 자신이 평생 목회해온 교회에 출석하지 못하고 다른 교회로 가시는 분들이 많아. 그런데 다른 교회들도 은퇴목사님이 오시는 것을 별로 달가워하지 않지. 그래서 은퇴 목사님들끼리 교회를 만든 곳도 있는데, 나는 내가 30년간 설교했던 강단에서 내려와 우리교회에서 내가 설교했던 대로 살아보고 싶어. 성가대도 하고 구역장도 하면서 교회를 위해 충성하는 삶을 살다가 우리 교회에서 죽고 싶어."

라고 했다. 남편과 나의 서로 다른 생각을 조율해야 할 필요가 있었다.

그러던 차에 고려신학대학원 주일에 유교수님이 동부교회에 설교하러 오셨다. 서로 대화하는 중에

"제가 네덜란드에서 공부할 때 보니까 네덜란드에서는 목사님이 열심히 사역하다가 은퇴하면 떠나는 게 아니고 그 교회에서 평신도로 조용히 섬기는 모습이 참 아름답게 보였어요. 우리 한국교회에는 그런 교회가 거의 없는데 김목사님이 모델 케이스를 한 번 만들어 보시면 좋겠어요."

하고 말씀하셨다.

"저도 그렇게 하고 싶습니다. 제가 다 내려놓고 겸손하게 섬기면

가능하지 않을까요?"

남편은 평소에 자기가 생각했던 것을 네덜란드 교회는 그렇게 하고 있다는 유교수님의 말씀을 아주 기쁘게 받아들였다.


평소에 남편은 설교준비를 하다가 잘 안 풀리면 나를 데리고 바람 쐬러 가는 곳이 있었다. 냉천 뒷산인데 봄에는 벚꽃과 복사꽃이 너무도 아름답게 피고 여름엔 시원한 계곡물이 흐르고 가을엔 단풍이 아름다운 곳이다. 사계절이 다 아름답고 산책하기에 좋은 산이라 남편과 내가 참 좋아하는 곳이다. 그 산에 올라가면 남편은

"나는 이다음에 은퇴하면 이 동네에 살고 싶어."

라고 말하곤 했다. 나는 속으로

'이 동네는 집값이 많이 비쌀텐데 우리 형편에는 안되지요.' 하고 생각했다. 그런데 몇 년 후 동부교회에서 바로 그 동네에 아파트를 구입했고, 우리가 그 아파트로 이사를 가게 됐다. 은퇴하는 원로목사를 위한 교회의 고마운 배려였다.


이사하는 날, 21년간 살면서 정들었던 사랑관 301호를 떠나는 것이 많이 서운했다. 진해에 아파트가 새로 생길 때마다 성도들의 이사예배로 인해 안 가본 아파트가 없었다. 아무리 편리하고 좋은 새 아파트에 가봐도 나는 사랑관 301호 우리집이 제일 좋았다.

우리 동네에는 기찻길이 있어서 도시 가스관을 깔기 어려웠기 때문에 사랑관은 기름보일러였다. 기름값이 무서워 한겨울에도 보일러를 틀지 않고 냉방에서 이불을 뒤집어쓰고 자고, 동쪽이라 아침에만 잠시 햇빛이 들어와서 화초를 키울 수 없어도 나는 우리 사택이 제일 좋았다. 교회 바로 앞이라 새벽기도 나가기도 유치원 출근하기도 최단시간인, 우리에게는 최고의 집이라고 생각하며 살았다.

결혼 후 열 번의 이사 끝에 은퇴를 2년 앞두고 교회에서 마련해준 '에일린의뜰' 아파트로 이사를 했다. 추운 겨울 유치원 원장실에서 발이 시려워 떨다가 집에 들어와 현관문을 여는 순간 따뜻한 공기가 온몸을 감싸며 금세 몸이 녹았다. 겨울에 따뜻하고 여름에 시원한 이런 좋은 집을 주신 하나님과 동부교회에 너무나도 감사했다.

우리 부부는 이 집에 '로뎀나무 게스트룸'을 만들었다. 사역에 지친 목회자 부부나 선교사 부부에게 1박~3박 정도 숙식을 제공하며 힐링하고 쉼을 얻을 수 있는 방으로 사용하기 원해서다.

은퇴할 날이 가까워지자 선임장로이신 배장로님께서 오셔서 장로회의에서 결정한 원로목사 예우에 대해 말씀해주셨다. 너무도 과분한 결정에 우리는 깜짝 놀랐다.

사실 우리 부부는 조기은퇴를 결정할 때 은퇴 후의 생활비에 대해 함께 의논했었다. 유치원에서 가입한 사학연금이 조금 나오니 혹시 교회에서 은퇴 후를 배려해 주신다면 최소한의 생활비로 10년간만 지원받자고 얘기했었다. 그런데 우리 생각과는 달리 너무 과분하게 결정하신 것에 대해 남편은 강하게 거절했다.

몇 번의 조율 끝에 장로님들이 결정하신 금액보다 낮추고 평생 지급하겠다는 기간도 10년으로 줄였다. 고신교단의 은급제 연금을 받을 수 있는 만70세까지만 교회에서 생활비를 지원받기로 결정했다.

목회하면서 남편은 늘 자신의 사례를 낮추려 했고 당회와 교회에서는 항상 담임목사의 사례를 높이려고 했는데, 은퇴할 때까지 한결같이 이런 은혜로운 관계로 마무리할 수 있게 해주신 하나님께 감사드린다.

> 모든 지킬 만한 것 중에 더욱 네 마음을 지키라 생명의 근원이 이에서 남이니라 (잠언 4:23)

## 3. 감사의 은퇴식

시간이 흘러가서 도저히 올 것 같지 않았던 은퇴하는 날이 다가왔다. 3년 전에 남편과 은퇴에 대해 이야기할 때는 언제 그 날이 올지 까마득했는데 어느새 눈앞에 다가왔다.

남편은 은퇴식을 따로 하지 않고 주일 오후예배 때 인사하고 조용히 물러나려고 생각하고 당회에 제안을 했다.

"저는 은퇴할 때 교회 돈을 한푼도 쓰지 않고 조용히 은퇴하고 싶습니다."

"목사님, 저희들이 알아서 할테니까 목사님은 그냥 가만히 계셔주세요."

당회는 우리가 알지 못하게 은퇴식을 위해 많은 준비를 했다. 부목사님들과 박간사님과 집사님, 권사님들도 많이 수고하셨다.

2020년 5월 10일 은퇴하는 날!

남편의 은사이신 고신대학교 강용원교수님이 설교를 해주셨고 남편의 동기 목사님들과 진해지역 목사님들이 오셔서 축가를 불러주셨다. 축사를 해주시고 영상 축사를 보내주시고 많은 분들이 오셔서 축하해 주셨다. 이렇게 풍성한 축하를 받고 성도들의 마음을 담은 편지도 받았다. 우리가 이리 많은 사랑을 받을 자격이 있나 하는 생각이 들었다. 지난 30년의 세월이 떠오르며 감회가 깊어졌다.

동부교회 성도들인들 담임목사와 사모가 다 마음에 들었겠는가? 젊고 의욕만 앞섰지 많은 면에서 서툴고 부족했던 목사와, 유치원 사역에 파묻혀 사모로서의 역할을 충분히 잘 하지 못하는 부족한 사모였다. 하지만 오래 참고 기다려주시고 기도해주셨기에 여기까지 올 수 있었다. 성도들에게 참 감사했다.

우리에게도 그동안 힘들고 어려운 일들이 왜 없었겠는가! 사람들에게 다 말하지 못할 여러 어려움들이 있었다. 그때마다 기도하고 참고 견뎌냈다. 때로는 사역지를 다른 곳으로 옮기게 해달라고 기도할 때도 있었다. 그러나 하나님께서는 우리 부부를 끝까지 동부교회에서 사용해 주시고 이렇게 은혜롭게 은퇴할 수 있도록 인도하셨다.

선임장로이신 배장로님께서 원로목사 추대사를 선포하셨다. 그 원문을 그대로 옮겨본다.

## ♤ 김기해 목사 원로목사 추대사

세상 나라는 코로나19로 인해 혼란에 빠져 아비규환이지만 아직도 해결책이 묘연하여 모든 나라가 천지 만물의 창조자 하나님의 자비와 긍휼만을 기다리고 바라볼 뿐입니다.

그럼에도 변함없는 하나님의 시간은 정확하여 푸른 5월을 우리에게 선물로 주시고, 그동안 귀히 쓰시던 하나님의 종 김기해 목사님의 목회사역 40년을 은혜롭게 섬기고 정년 10년을 남겨둔 채 오늘 시무직을 내려놓고 은퇴 및 원로목사 추대 감사예배로 하나님께 드리게 되어 존귀와 찬양과 영광을 올려드립니다.

김기해 목사님은 1990.7.1. 만30세에 부목사로 부임하여, 예배당 증축 중에 최상수 담임목사님이 갑작스러운 질병으로 시무를 계속할 수 없어 은퇴하시고, 그 뒤를 이어 1993.1.31. 제 13대 담임목사로 취임하였으며, 당시 어려운 여건과 환경 속에서 새 성전공사를 완공하고, 1995.9.26. 위임목사가 되어 현재까지 30년의 기간 동안 변함없이 기도와 헌신으로 묵묵히 목회사역을 감당하며 하나님의 말씀을 바르게 전하기 위해 온 정성을 다하고, 건강한 교회성장과 교회교육에 집중하고, 지역사회 섬김을 비전으로 삼아 벳세다 무료급식소, 사회복지법인 드림재단 설립, 장애우복지시설 설립, 노인대학 설립, 태국 교회개척 및 선교사 파송, 동부유치원 확장, 가정사역원 설립, 청소년드림사역 등을 사명으로 알고 최선을 다하였습니다.

특히 우리교회에 부임할 즈음에는 250여명의 성도가 출석하였는데 말씀과 기도, 교육과 전도로 내실을 다지면서 매년 사역을 꾸준히 확대하여 노력한 결과 현재에 이르러 주일학생을 포함한 1,000여명의 성도가 함께 구원의 하나님께 예배드릴 수 있게 부흥 성장하였으며 2005.10.9. 지역사회를 섬기는 사회복지법인 드림재단을 설립한 후 15년을 한결같이 내 가족을 섬기듯 잘 섬겨 사역현장이 확장되어 복지사(직원) 40여명과 장애인활동도우미 180여명이 함께 어우러져 하늘정원을 포함한 장애인복지시설 4개소와 진해 자은종합사회복지관을 운영하여 교회와 드림재단, 공히 무료급식과 나눔으로 지역사회를 돕고 섬기고 있으며 드림재단 운영예산도 연간 75억원의 규모로 크게 성장하였습니다.

주님의 교회가 날로 부흥 성장함으로 좁은 교회 건물을 2차에 걸쳐 증축하였으며 벳세다무료급식소와 드림재단 건물, 하늘정원 시설을 아름답게 건축하여 성도들의 예배처소가 확장되었고 장애인들의 보금자리를 아름답고 따뜻한 가정으로 만들어 정성껏 섬김으로 지역사회로부터 칭찬과 박수를 받으며 세상의 빛과 소금의 역할을 잘 감당하여 좋은 소문으로 건강한 교회의 영향력을 발휘하고 있습니다.
또한 교회설립 60주년을 기념으로 세계선교를 꿈꾸고 태국 중서부 타끄라단 지역에 교회를 개척하여 현지 목회자를 세워 영혼구령과 지역전도에 온 정성을 기울이고 있으며 2가정의 국내선교사 부부를 파송하여 태국의 미래 지도자를 양성하는 청소년 사역과 교회개척 사역에 최선을 다하여 불교국가인 태국에서 하나님의 나라를 계속 확장시키고 있습니다.

신애숙 사모님도 30년간을 남편을 도와 심방사역을 잘 감당하며, 1991년부터 2020년 2월까지 주일학교 유치부 부장을 맡아 29년간을 기도와 말씀으로 애지중지 정성껏 가르쳐 믿음의 일꾼을 많이 길러냈으며 1999.2.25.에 교회부설 동부유치원 4대 원장으로 취임하여 총27년의 세월동안 눈물의 기도로 남다른 헌신과 피나는 노력으로 어려운 환경과 여건을 극복하고 최선을 다함으로 오늘에 이르러 모두가 인정하는 기독교 명문 유치원으로 우뚝 서게 되었습니다.

그동안 수많은 유치원생들을 예수님 사랑으로 아름다운 성품과 예절을 가르쳐 올바른 아이로 양육하였고 노인대학 진리탐구 교수로 15년간 한결같이 성경말씀을 가르쳐서 많은 어르신들이 다니고 싶은 노인대학으로 잘 섬기다가 지난 2월말로 모든 사역을 내려놓고 퇴임하였습니다. 또한 우리교회 부설 행복한가정사역원의 초대 원장으로 5년간 재직하면서도 많은 강의로 성도들의 가정을 섬겨냈습니다. 사모님께서 섬긴 이 모든 사역이 우리교회 부흥성장의 한 축과 동력이 되었음을 확신합니다.

이같이 담임목사님 내외분이 지난 30년 동안 섬기고 흘린 땀과 수고의 사역을 지면의 한 두장으로 어찌 다 열거하고 반추할 수 있겠습니까? 그 모든 고생과 수고를 아무리 추켜세워도 지나간 추억과 역사의 한 부분뿐일 것입니다.

그러나 우리가 김기해 목사님의 진짜배기를 기억하고 간직해야 할 것은 오직 하나님 앞에서 온유 겸손하며 정직과 근면 성실한 삶으로 성도를 사랑하고 진리의 말씀만을 바르게 설교하는 일에 진액을 짜 목숨 바친 것과 부교역자를 먼저 생각하고 자랑으로 여기며 모든 성도를 동역자로 섬기고 직분에 맞게 고루 직무를 맡겨 자율적으로 일을 집행하게 도와주며 어떤 일에도 주도적으로 이끌지 않고 회의를 통하여 교회행정을 장로교답게 잘 운영함으로 주님의 교회가 날마다 평안하여 든든히 서가고 주를 경외함과 성령의 위로로 진행하여 모든 성도가 주안에서 기뻐 즐거워하고 그 수가 더 많아지는 일에 온몸과 마음을 바쳐 충성 봉사한 일을 우리 교회 모든 성도가 증인이 되어 역사에 길이 남을 목회자로 인정하여 지난 공동의회에서 원로목사 추대를 만장일치로 결의하였으며 이에 제192회 경남(법통)노회의 허락을 받음으로 오늘 모든 성도와 함께 기뻐하며 김기해목사님을 진해동부교회 원로목사로 추대합니다.

여기까지 인도하신 하나님의 크신 은혜에 감사드리며 모든 영광과 찬송을 주께 올려드립니다.

김기해 원로목사님! 진심으로 존경하고 사랑합니다.

**진해동부교회 교인대표 배은환 장로 드림**

참으로 과분한 배장로님의 추대사에 남편은 답사에서

"30년간 진해동부교회에서 제가 한 일은 기도하고 설교한 일밖에 없는데 이 모든 일을 담임목사 혼자 다 한 것처럼 말씀하시니 마치 제가 도둑이 된 것 같습니다. 동부교회가 여기까지 오게 된 것은 첫째로는 하나님 은혜요 둘째로는 온 성도들의 헌신과 섬김으로 인한 것이었습니다."

하고 말했다. 많은 분들의 수고로 너무도 풍성하고 은혜로운 은퇴식을 마치게 되었다. 은퇴식과 함께 우리 부부는 모든 사역을 다 내려놓았다.


많은 사람들이

"목사님, 왜 그렇게 빨리 은퇴를 해요? 너무 빠르지 않은가요?"

하고 질문하셨다. 남편은

"나이로 봐서는 조금 빠른 듯하지만 한 교회에서 30년 동안 목회했으니 저는 만기제대를 한 거라고 생각합니다. 제 그릇은 여기까지라 교회를 위해 더 능력 있는 후배 목사에게 담임목사의 자리를 내어주고 이젠 강단에서 내려와 제가 설교했던 대로 강단 아래에서 교회를 위해 충성하는 삶을 한번 살아보고 싶습니다."

하고 말씀하셨다.

은퇴 후에 우리 부부는 1년간 교회를 떠나있으면서 새로운 담임 목사님을 중심으로 동부교회가 하나 되고 새로운 리더십이 잘 세워지면 그때 조용히 교회로 돌아와 사랑하는 동부교회를 섬기려고 생각했다.

> 내게 주신 모든 은혜를 내가 여호와께 무엇으로 보답할까
> (시편 116:12)

 **김기해목사 30년 목회 동영상**
https://youtu.be/7AgXtS1UhRE
(김기해목사 30년 목회 동영상 유튜브 채널)

※ 큐알코드를 찍으시면 동영상을 보실 수 있고 큐알코드가 없는 분들은 유튜브 주소로 검색하시면 보실 수 있습니다.

## 4. 두 달간의 제주살이

은퇴하기 전에 우리 부부는

"1년간 동부교회를 떠나있으려면 몸이 멀리 떠나야 우리도, 성도들도 서로 진정한 떠남이 될 수 있으니 제주도에서 두 달, 울릉도에서 두 달 살아보자."

고 의논했다.

두 달간의 제주살이를 계획하면서 한 달은 서귀포의 남원읍 바닷가 마을에 숙소를 정하여 서귀포를 중심으로 여행하고 나머지 한 달은 애월읍의 중산간 마을에 숙소를 정하여 제주시를 중심으로 여행하기로 했다. 숙소도 미리 예약해 두었다.

은퇴식을 마치고 이틀 후 우리는 제주도로 날아갔다.

공천포 바다가 보이는 조용한 팬션에서 머물며 처음 일주일간, 남편은 계속 잠을 잤다. 숙소 주변 산책부터 서귀포 바닷가에 잠시 다녀와선 낮에도 밤에도 머리만 대면 잠을 쏟아냈다. 그런 남편을 보며 '담임목사로서의 무거운 책임감과 설교에 대한 부담감을 내려놓으니 저리도 잠이 쏟아지는가 보다.' 라는 생각이 들었다. 반면에 나는 모든 사역을 다 내려놓은 후의 홀가분함 때문인지 오히려 잠이 오지 않았다.

우리 두 사람 다 제주도에서 쉬고 여행하는 동안 몸이 떠나온 것처럼 마음으로도 사역의 자리를 완전히 내려놓는 시간을 가져야겠다고 생각했다. 사역하면서 알게 모르게 마음속에 쌓인 것이 있다면 다 쏟아내고 비워내고 새로운 은혜로 채움받는 시간이 되기를 바랐다.

제주도에서의 하루하루는 더 이상 시간에 쫓길 일도 바쁜 일도 없었다. 오전에는 책 읽고 쉬다가 점심을 먹고 숙소를 나섰다. 지도를 펴놓고 한 두 군데 목적지를 정해서 놀멍 쉬멍 걸으멍 여행했다.

간 곳이 너무 좋으면 다음에 또 가고, 비 오는 날 다녀왔으면 맑은 날에도 가고, 바람 부는 날에도 가고, 가다가 피곤하면 바닷가에 차를 세워놓고 파도 소리를 들으며 한숨 자기도 하고 놀멍 쉬멍 걸으멍!

그렇게 여유로운 여행을 해보니 지금까지 단체로 제주도에 와서 이름난 관광지를 잠깐 둘러보고 다시 차를 타고 다음 코스로 가곤했던 여행은 거의 제주도의 겉모습만 보는 여행이었다는 걸 알게 되었다.

여유롭게 여행하고 돌아오는 길에는 시장이나 마트에 들러서 반찬거리를 사서 저녁도 숙소에서 직접 만들어 먹었다. 어쩌다 육지에서 손님이 오시면 우리가 가봤던 곳 중에서 좋은 곳으로 안내하며 함께 여행하고 흑돼지고기, 제주 은갈치, 성게 미역국, 보말국 등 맛있는 것도 먹으며 즐거운 시간을 가졌다.

그렇게 시간이 갈수록 제주도의 매력에 빠졌다. 정말 신비롭고 매력적인 섬이었다. 주님께서는 매일매일 감사와 경탄을 자아낼만한 아름다운 풍광으로 우리 부부에게 새로운 선물을 주시고, 그동안의 수고를 위로해주셨다. 매일 선물같은 하루하루를 보냈다.

## ♤ 제주도 두 달 살이를 마치며...

참으로 제주도는 천의 얼굴을 가졌다. 같은 장소라도 계절 따라, 날씨 따라, 날마다 그 느낌이 다 달랐다.

해수욕장의 모래도 검은 모래, 하얀 모래, 금빛 모래, 현무암, 알작지 등 얼마나 다양하고 아름다운지!

숲의 모양도 쭉쭉 뻗은 삼나무나 편백나무, 소나무, 야자수, 종려나무, 온갖 숲과 나무들이 덤불처럼 얽혀있는 곶자왈 등 얼마나 나무가 많고 풍성한지!

제주살이 두 달 동안 제주도에서 이름난 곳, 경치가 좋은 곳, 공원, 작은 포구, 등대 등 섬 전체를 한 바퀴 돌며 제주도의 속살을 조금은 들여다봤다.

　용머리 해안과 송악산 둘레길은 너무도 아름다워 세 번이나 갔고, 제주도 여행 가면 꼭 가는 곳인 성산 일출봉과 섭지코지는 이번에도 역시 새로운 감동과 감탄을 자아내기에 부족하지 않았다. 그중에서도 이번 제주여행의 백미는 우도 여행이었다.

　우도는 작은 제주라 할 만큼 작은 섬 안에서 제주도를 한눈에 볼 수 있는 너무도 아름다운 섬이었다. 우도 등대에서 바라본 아름다운 바다와 풍경들, 말들이 평화롭게 풀을 뜯고 있는 넓고 푸른 초원, 우도 안의 작은 섬 비양도, 검멀레 해안, 산호 백사장...

　가는 곳마다 말로 다 표현할 수 없는 아름다운 풍광에 원래는 하루 만에 다녀오려고 갔다가 이틀간 숙박하며 비 오는 우도 섬을 다섯 바퀴나 돌면서

　"아! 좋다 너무 좋아!"

　를 남발하며 감탄했다.

　이렇게 제주도와 사랑에 빠진 우리는 해마다 제주도에 꼭 와서 올레길 두 세 코스를 걷고, 오름도 몇 군데 오르고, 해안 길도 걸으며 더 깊은 제주도의 속살을 보자고 지키지 못할 약속을 했다.

　굳이 외국에 나가지 않아도 아름다운 풍광과 육지에서 보지 못

했던 다양한 식물들, 예쁜 카페들과 이국적인 멋진 건축물들을 곳곳에서 볼 수 있는 제주도가 우리나라라는 것이 얼마나 좋고 감사한지!

그렇게 우리 부부의 추억의 박물관에 아름다운 추억을 가득 채워 주시고 순간순간 인도하시고 지켜 주신 하나님의 은혜에 감사드리며 행복했던 두 달간의 제주살이를 마치게 되었다.

> 그가 나를 푸른 풀밭에 누이시며 쉴만한 물가로 인도하시는도다
> (시편 23:2)

## 5. 복받은 섬 울릉도

제주도에서 돌아온 후에는 우리 부부의 결혼식 때 주례를 해주셨던 목사님, 나를 유치원 교사로 키워주셨던 원장님, 그동안 바빠서 찾아뵙지 못했던 고마운 분들을 찾아뵙고 인사드리며 반가운 만남을 가졌다.

울릉도에 가려고 숙소를 알아보던 중에, 울릉 천부중앙교회 목사님이 사임하시고 사택이 비었으니 거기에 머물면서 설교도 좀 맡아주면 좋겠다는 이야기를 듣게 되었다. 남편은 기꺼이 목회자가 없는 교회를 섬겨야 한다며 빨리 들어가자고 성화였다.

제주도에서 돌아온 지 두 달 만에 남편이 꿈에서라도 가고 싶어하는 울릉도로 출발했다. 결혼 후 해마다 8~10시간씩 배 타고 시댁에 다녔었는데 배편이 좋아져서 포항에서 3시간 20분 만에 갈 수 있었다.

옛날 뱃길에 비하면 아무것도 아니라고 생각하며 가벼운 마음으로 배를 탔지만 바람이 많이 부는 날씨라 배가 출항하자마자 출렁거리기 시작했다. 이내 속이 울렁거리며 머리가 아팠다. 미리 멀미약을 먹고 머리를 의자에 딱 붙이고 눈을 감고 잠을 청했지만 잠은 오지 않고 수시로 시계를 들여다보며 빨리 시간이 가기만을 기다렸다.

드디어 3시간 40분만에 배가 저동항에 도착했다. 마중 나온 집사님과 함께 식당으로 가서 새콤달콤 아싹쫀득한 오징어 물회 한 사발을 먹고 나니 울렁거리던 속이 씻은 듯이 사라지고 기분도 좋아졌다.

사택에 도착하니 권사님과 집사님들이 깨끗이 청소해놓고 갖가지 울릉도 나물 반찬과 김치와 국까지 한 냄비 해놓고 기다리고 계셨다.

울릉도는 목회자가 부임하면 몸만 올 수 있도록 사택에 가구들이 다 있는데 우리가 온다는 소식에 새 이불까지 사놓으셨다.

다음날부터 집사님과 권사님들이 아침 저녁 돌아가며 두부랑 감자, 과일 등 필요한 것들을 들여다 주고 가셨는데 울릉도 섬사람들의 인심과 목회자를 섬기는 마음이 참 귀했다. 그렇게 섬기시는 모습을 보면서 우리 시어머니가 생각났다.

## ♤ 그리운 어머니

어머니는 울릉도 태하동에서 하숙집을 하셨는데 음식솜씨가 무척 좋으셨다. 맛있는 요리를 하시거나 오징어 건조를 하셨을 때도, 농협에 근무하셨던 아버님이 소일삼아 통통배를 타고 나가서 물고기를 잡아 오셨을 때도, 제일 크고 좋은 것을 골라 목사님 사택에 먼저 갖다 드렸다.

5남매 자식들을 모두 육지에 내보내고 두 분만 살고 계셨던 시부모님은 육지에서 자식들을 가까이서 보고 사는 것이 소원이었다.

60세가 되셨을 때 육지로 나오셨고 장남인 우리집에서 같이 살게 되었다. 하지만 성도들이 자주 찾아오고 수시로 전화가 오는 사택이 많이 불편하셨는지 3년 만에 두 분만 따로 나가서 사는 것을 선택하셨다.

7년 후 아버님이 돌아가시자 어머님이 다시 우리집으로 오시게 됐다. 나는 어머니께

"어머니, 여긴 어머니 집이니 어머니 하시고 싶은 대로 다 하세요."

하고 마음을 편하게 해드렸다. 그러자 어머님은 목회하는 아들과, 유치원과 교회 사역에 바쁜 며느리를 뒷바라지 하겠다는 사명감을 가지고 부엌살림을 다 도맡아 해주셨다. 덕분에 남편과 나는 날마다 엄마표 밥상의 맛있는 밥을 먹을 수 있어서 행복했다.

어머님은 매일 안나회 할머니들과 함께 모여 기도회도 하시고 윷

놀이도 하시고 노인대학에도 참석하시면서 행복한 노년을 보내셨다. 그렇게 10년 동안 우리와 함께 사시다가 뇌종양으로 80세에 돌아가셨다.

울릉도에 오니 돌아가신 어머니 생각이 많이 났다. 자식들이 보고싶어 육지로 나오셨지만 연세 드셔서는 고향이 참 많이 그리우셨겠다는 생각이 들어서 마음이 울컥해졌다.

## ♤ 행복했던 천부중앙교회 사역

천부중앙교회에서 남편은 매일 새벽기도, 수요예배, 주일 오전, 오후 예배 설교를 했다. 진해동부교회에서는 목사님들이 많아서 주일 오전예배와 화요일 새벽기도 설교만 했었는데 울릉도에 와서 개척교회나 시골교회 목사님들의 수고를 제대로 체험했다.

4시에 일어나 새벽기도를 마치고 교회당 문을 나서면 눈이 시리도록 푸른 산과 바위, 싱싱하고 향긋한 나무 냄새와 깨끗하고 맑은 공기, 쏴아아 철썩하며 들려오는 파도 소리가 오감을 일깨워줬다.

진해에선 일주일에 5일 하던 새벽기도도 피곤해서 빠질 때가 많았는데, 울릉도에선 하루도 빠짐없이 매일 새벽기도를 해도 피곤하지 않고 오히려 영과 정신이 맑아졌다.

수돗물을 바로 받아먹을 만큼 물도 얼마나 깨끗한지 세수하고 샤워를 하면 피부가 매끈해지고 화장도 잘 받았다.

## ♠ 복받은 섬 울릉도

울릉도 사람들은 화끈하고 앗쌀했다. 처음 만난 사람들에게도 금세 속마음을 다 털어내 보여주고 목소리도 얼마나 큰지 대화를 하다보면 큰 파도가 귀를 때리는 것 같았다.

가옥의 형태도 해안을 중심으로 따닥따닥 붙어있어 마당 있는 집이 거의 없고 문을 열면 바로 거실이 보였다. 거실에 앉아서 지나가는 사람들을 다 볼 수 있어서

"어데 가는교?"

"아, 연변에 뭐 가지러 가니더."

하며 어느 집에 오늘 뭐 하는지 서로 다 알고 지낼 정도였다.

그래서 그런지 울릉도엔 도둑이 없다. 육지에 갈 때도 문을 잠그지 않고 갈 만큼 사람도 자연도 오염되지 않은 청정지역이다.

울릉도는 기독교 인구가 30%이다. 교회가 얼마나 많은지 우리가 있었던 작은 마을 천부에도 3개의 교회와 1개의 성당이 서로 마주보고 있어 주일 예배를 마치면 거의 동시에 나오며 서로 인사했다.

섬의 특성상 미신이 성행할 수 있는데도 불구하고 울릉도는 개척 당시에 기독교가 먼저 들어가 자리를 잡았다. 옛날에는 울릉도 인구의 60%가 기독교인이었다. 서달이라는 마을은 주민들이 100% 다 교인이라 농사일을 할 때 교회에서 찬송가를 온 마을에 들리도록 크게 틀어놓고 했을 정도였다 하니 정말 복 받은 섬이다.

이 복 받은 섬을 우리는 매일 하루에 한 두 군데씩 둘러 보았다. 천부에서 추산까지 2시간 동안 해안길을 걸으며 밀려오는 파도 소리와 바위에 부딪히며 부서지는 포말을 보며 감탄하고, 연육교를 건너가 마주하게 된 관음도의 아름다움에 넋을 잃고, 저동 등대길을 걸으며 저녁놀을 보며 감탄사를 연발했다.

수많은 울릉도 자생식물로 아름답게 가꿔진 예림원과 가수 이장희씨가 살고 있는 집과 아트센터와 넓은 정원으로 꾸며진 울릉천국을 보면서 육지 사람들이 보면 과연 여기가 천국이라 할만하다는 생각이 들었다.

나리분지에서 올라가 본 깃대봉! 그 위에서 바라본 하늘과 바다, 산과 숲은 말로도 글로도 다 표현할 수 없고 사진에 다 담을 수 없는 아름다움의 극치였다.

울릉도의 자연은 눈이 시리도록 푸른 동해 바다와 끝없이 펼쳐지는 수평선, 그리고 산마다 버티고 서있는 기암괴석과 바다 위에 솟아오른 삼선암과 코끼리바위 거북바위와 산 위에 솟아있는 송곳봉, 노인봉, 알봉, 버섯바위 국수바위 등 사람이 손대지 않은 자연 그대로의 모습이 신비로웠다.

제주도가 아기자기하고 여성적인 모습의 섬이라면 울릉도는 원시적이고 남성적인 위용이 돋보이는 섬이랄까!

옛날엔 울릉도 뱃길이 너무 멀고 험한 데다 시댁에 가면 바로 부엌으로 들어가서 집에 갈 때까지 거의 일만 했다. 어머님이 하숙집을 운영하시니 매 끼니 마다 밥을 먹는 사람이 15~20명이어서 설거지만 해도 힘들었다. 그래서 그 아름다운 울릉도에 가서도 별로 구경을 하지 못했는데 은퇴 후에 남편과 둘이서 여행하는 기분으로 다니니 그제야 울릉도를 제대로 볼 수 있게 되어 매일매일 참 행복했다.

## ♤ 섬소년 남편의 추억 소환

하루는 남편이 나고 자랐던 태하동에 가서 남편의 친구들과 함께 울릉도 비경 중 하나인 태하 등대에 다녀왔다. 산으로 올라가는 길에 잠시 쉬며 태하 마을 곳곳을 내려다봤다.

남편이 누비고 다녔다는 산비탈과 네 살 때부터 물장구치며 수영을 배웠다는 바닷가, 신앙적으로 키워줬던 태하 장로교회, 연변부터 골목길로 쭉 올라가며 붙어있는 집들...

　남편은 그 정겨운 풍경들을 열심히 카메라에 담았다. 9년 만에 와본 태하 마을은 많이 변해 있었다.

　큰 체육관과 박물관과 심층수를 뽑아 올리는 생수 공장도 생겼고 태하 등대도 현대식으로 크게 지어져 있었다.

　아름다운 대풍감과, 초록과 청록색의 물빛을 내려다볼 수 있는 절경은 길다란 나무다리와 가림막을 설치해서 한눈에 내려다볼 수 없게 변해 있었다. 절벽아래로 추락하는 것을 방지하려고 설치했겠지만... 천혜의 자연환경인 울릉도에 새로운 건물이나 구성물을 설치할 땐 자연을 훼손하지 않고 본래의 모습을 보존할 수 있도록 설계하고 만들었으면 하는 아쉬움이 생겼다.

　그래도 등대에서 태하 해안 산책로로 내려오며 눈앞에 펼쳐진 바다와 드넓은 바위들과 황토굴은 여전히 아름다운 풍경으로 감탄을 자아내게 했다.


　태하동에 오면 결혼 후에 쭉 들어왔던 울릉도 섬 소년 남편의 추억이 소환되었다.

　여름이면 바다에서 수영하다가 해변에 펼쳐진 따뜻한 몽돌 위에 누워 몸을 말렸던 일, 끝없이 펼쳐진 수평선을 바라보며 저 끝쯤에 육지가 있을까? 육지는 어떤 모습일까를 상상했던 일, 오징어 다리를 바위 구멍에 넣어 고기를 잡았던 일, 낚시하다가 복어가 올라오면 복어 입에 바람을 후~ 불어넣어 배를 빵빵하게 만들어 발로 밟아 빵~ 하고 터뜨렸던 일, 그러다가 복어에게 입이 물려 퉁퉁 부어올랐던 일, 육지 사람이 하숙집에 두고 간 실로폰이 너무 좋아서 호야불 밑에서 실로폰을 치다가 잠이 들어 이불에 불이 붙었던 일, 울릉도에 처음 전기가 들어와서 너무너무 신기했던 일, 처음 TV를 봤을 때 그 안에 사람이 들어있는지 살펴봤던 일, 처음 전화가 들어와서 교환을 통해 연결되어 통화했을 때 너무너무 신기해했던 일!

포항에 수학여행 가면서 배가 도착할 때쯤 배 안에서 처음 자동차를 보고 바퀴를 달고 빠르게 지나가는 자동차가 너무 신기했던 일. 친구들끼리 서로 내가 먼저 차를 봤다고 싸웠던 일 등...

남편의 어린 시절 이야기는 몇 번을 들어도 재미있다.

부산에서도 제일 번화한 지역에서 나고 자라면서 늘 자동차와 건물과 복잡한 거리와 사람들을 보며, 전혀 신기한 것도 궁금한 것도 없이 당연하게 문명의 혜택을 누리며 자랐던 나와는 너무도 대조적인 이야기였기 때문이다.

울릉도 섬소년이 문명을 하나씩 접하며 심봉사 눈뜨는 경험을 한 이야기를 들으면 어린시절 남편의 순박한 모습이 상상되어 혼자 웃음 지었다. 이런 천혜의 자연 속에서 순박하게 자라나 지금도 그 순수성을 잃지 않고 있는 남편이 나는 참 좋다.

울릉도에는 남편이 어릴 때부터 한 마을에서 같이 물장구치고 뛰어놀며, 1학년부터 6학년까지 한 반에서 공부하고, 중2까지 같이 학교에 다녔던 친구들이 있다. 그래서 늘 고향이 그립고, 언제든 반갑게 맞아주는 친구들이 있어서 고향에 오면 남편은 더욱 행복해했다.

남편 덕분에 내게도 울릉도가 고향 같고, 이제는 내 친구 같은 남편의 친구들이 있는 울릉도가 나도 참 좋아졌다.

## ☟ 꿈결같던 울릉도 생활을 마치면서

남편과 나는 매일매일 시원한 파도 소리를 들으며 울릉도 섬 곳곳을 다니면서 그 아름다움을 온몸으로 느끼고 받아들였다.

저동항구, 도동항구, 사동항구, 천부, 평리, 추산, 현포, 학포, 태하등대, 관음도, 내수전 전망대, 나리분지, 깃대봉, 성인봉까지 그어느 것 하나 부족한 것 없이 모두가 아름다움 그 자체였다.

남편 친구들과 함께 밤늦게까지 대화하고, 깃대봉도 가고, 태하 등대도 가고, 신장로님 부부와 함께 섬 한 바퀴를 돌며 안 가봤던 구석구석 돌아보았다. 멋진 카페에서 차 한잔 나누며 대화했던, 좋은 사람들과의 만남이 있어 더욱 행복한 시간들이었다.

그 행복한 시간들 중에 가장 좋았던 것은 천부중앙교회를 섬길 수 있었던 일이었다. 몇 년 전만 해도 40~50명의 성도들이 모였던 천부중앙교회는 이런 저런 상처로 젊은 사람들이 다 떠나가고 연로하신 분들만 10여명 남아 있었다. 그분들이 모두 새벽기도부터 수요예배와 주일 오전 오후예배까지 거의 다 참석하며, 말씀을 너무 잘 받아들이는 모습이 참 감동적이었다. 20일 동안 새벽기도에서 매일 얼굴 보고 예배시간마다 만나다 보니 정이 듬뿍 들어서 헤어지기가 너무 아쉬웠다.

"목사님, 사모님과 함께 할 수 있었던 시간들은 하나님께서 우리에게 주신 선물이라고 생각합니다. 이제 많이 회복되어 다시 열심히 믿음 생활 잘 하겠습니다."
라는 노집사님의 고백을 들으며 도리어 우리에게 천부중앙교회를 섬길 수 있는 기회를 주신 것이 하나님의 선물이라는 생각이 들었다.

그렇게 울릉도에서 지냈던 20일간의 시간은 꿈결같이 지나갔다. 원래 울릉도에서 두 달간 머무를 계획이었지만, 서마산 교회의 간곡한 요청이 있어서 빨리 나올 수밖에 없었다.

이제 은퇴를 했으니 다시 기회가 된다면 울릉도든 또 다른 교회든 목회자가 없는 곳에, 부르시는 곳에 쓰임 받을 수 있다면 그것 또한 감사라는 고백을 하며 울릉도를 떠나왔다.

> 내가 여호와께 바라는 한 가지 일 그것을 구하리니 곧 내가 내 평생에 여호와의 집에 살면서 여호와의 아름다움을 바라보며 그의 성전에서 사모하는 그것이라 (시편 27:4)

**울릉도 여행기 동영상**
https://youtu.be/OJ_IHTPebOI
(울릉도 여행기 동영상 유튜브 주소)

## 6. 참 좋은 우리 교회

울릉도에서 돌아와서 남편은 서마산교회 설교자로 부름받아 5개월간 설교를 했다.

시간이 빠르게 지나 은퇴한 지 1년이 되자 남편과 나는 약속대로 다시 진해동부교회로 돌아왔다. 교회에서는 꽃다발을 준비하여 우리가 돌아온 것을 환영했다. 은퇴한 목사가 다시 돌아오는 것을 환영하며 반갑게 맞이해주시는 교회와 온 성도님들께 정말 고마운 마음이 들었다.

우리가 교회를 떠나있던 1년 동안 후임 박종윤목사님이 안정적으로 목회를 잘 하셔서 성도들의 영적 분위기가 아주 활발해진 것을 느낄 수 있었다. 새 담임 목사님의 영적 리더십을 잘 따라가고 있는 모습을 보고 남편과 나의 마음이 참 기쁘고 편안해졌다.

내가 늘 부족했던 부분인, 성도들을 살피고 품어주는 사모의 역할을 이미경 사모님이 잘 감당하고 있는 모습을 보며 정말 감사했다.

이제 우리는 더욱 겸손하게 주의 몸된 사랑하는 동부교회를 섬기며 담임목사님이 목회를 잘 하실 수 있도록 기도로 든든하게 받쳐주고 우리도 그 리더십을 잘 따를 것이라고 생각했다.

나는 다시 노인대학 진리탐구 시간을 맡게 되었다. 화요일마다 어르신들 앞에서 이전보다 더욱 힘있게 행복하게 말씀을 전한다.

남편은 동부교회로 돌아온 지 2주 만에 다시 서마산교회의 요청을 받아 오전 1부, 2부 예배 설교를 맡아 말씀을 전했다. 목회를 내려놓으니 시간이 많아진 남편은 이미 준비된 설교 원고를 매일매일 읽고 묵상하면서 수정하여 더욱 깊이 있는 말씀으로 전할 수 있었다.

남편은 강단 위에서 설교자로, 나는 강단 아래에서 기도로 내조하며 1년 2개월간 정들었던 서마산교회! 새 담임목사 부임감사 예배를 드리며 남편이 축복기도를 하고 온 교회가 은혜롭게 새 출발하는 모습을 보고 기쁨으로 돌아왔다. 오랜 시간 담임목사가 공석인 서마산교회 성도들이 흔들리지 않고 말씀 위에 굳게 서서 살아갈 수 있도록 남편을 설교자로 사용해 주신 하나님께 감사드렸다.

이제 오전예배까지 완전히 동부교회로 돌아오게 된 우리 부부는 임마누엘 찬양대원으로 임명받았다. 남편은 테너로 나는 앨토로, 찬양연습을 하고 찬양을 하는 것이 참 행복하다. 남편과 나는 다음 주일 찬양할 곡을 집에서 각자 파트 연습을 열심히 한다. 결혼 전까지 15년 동안 해왔던 찬양대를 사모가 된 후로는 하지 못했는데 이제 다시 찬양대로 섬길 수 있게 된 것이 참 좋다.

## ♫ 너희는 이전 일을 기억하지 말며

나는 매일 아침에 큐티를 한다. 27년째 하루도 빠지지 않고 큐티를 하는 임은미 케냐 선교사의 묵상글을 받아보면서 나도 천국 가는 그날까지 하루도 빠지지 않고 큐티를 해야겠다고 결심을 하고 시작했다. 지금은 500일이 훌쩍 넘었다.

매일 성경 한 장을 여러 번 읽으면서 마음에 와닿는 한 절을 깊이 묵상하고 그 말씀을 적용하고 기도문을 작성한다. 그런 후에

"주님, 묵상을 마쳤습니다. 이제 주님 음성 듣기 원합니다. 말씀하옵소서. 제가 듣고 순종하겠나이다."

하고 가만히 눈을 감고 주님의 음성을 기다린다. 그리고 내 마음의 생각을 통해 들려주시는 하나님의 말씀을 노트에 적는다. 큐티를 통해 하나님의 음성을 들려주시고 그분의 행하심을 체험하는 것이 참으로 놀랍고 감사하다. 동부교회로 돌아온 후 어느 날 묵상 중에 하나님께서는 이전 일을 기억하지 말라고 하시고 새 일을 행하시겠다고 말씀하셨다.

〈 말씀과 함께 237 〉 2021. 7. 2

## ♥ 이사야 43장

너희는 이전 일을 기억하지 말며 옛날 일을 생각하지 말라 보라 내가 새 일을 행하리니 이제 나타낼 것이라 너희가 그것을 알지 못하겠느냐 반드시 내가 광야에 길을 사막에 강을 내리니 (사 43:18~19)

## ♣ 말씀묵상 & 적용

이전 일을 기억하지 말며 옛날 일을 생각하지 말라고 말씀하신다. 참 감사한 것은 동부교회로 돌아왔는데 남편도 나도 담임목사와 사모였고 유치원 원장이었던 이전 일이 거의 생각나지 않는다는 것이다.

이제는 은퇴한 원로목사와 사모가 되었다는 것을 늘 생각하고 옛것에 대한 미련이 없다. 제주도와 울릉도에서 3달 가까이 시간을 보내고 1년 동안 교회를 떠나있으면서 이전 일을 비워내게 되었고, 생각나지 않게 되는 망각의 은혜를 주서서 감사하다. 이제 주님께서 광야에 길을, 사막에 강을 만드는 새 일을 행하신다고 말씀하신다.

'이전 것은 지나갔으니 보라 새것이 되었도다.'는 말씀처럼 나의 이전 것은 다 지나갔으니 이제는 새것이 되어야겠다. 그리고 주님이 행하실 새 일을 바라보자. 광야에 길을 내시고 사막에 강을 만드시는 새 일을!

## ♠ 오늘의 기도

아버지!

오늘은 이전 일을 기억하지 말고 옛날 일을 생각하지 말라는 말씀을 주셨습니다. 낡은 가죽부대를 버리고 깨끗한 새 부대를 준비하라는 주님의 말씀으로 받아들입니다. 제 안에 아직도 버리지 못한 이전 기억과 생각이 있다면 깨끗이 버리고 비워내게 해주시옵소서.

이제 주님께서 행하실 새 일을 바라봅니다. 광야에 길을 내시며 사막에 강을 내시는 주님의 역사를 바라봅니다. 주님과의 관계가 날마다 더 깊어지며 매일 매시간 주님과 동행하는 삶을 훈련시켜 주시옵소서. 더 많이 익어가고 무르익었을 때 주님께서 하실 일에 사용되기를 원합니다. 주님 사랑합니다! 주님 감사합니다! 예수님 이름으로 기도합니다. 아멘!

너희는 이전 일을 기억하지 말며 옛날 일을 생각하지 말라
보라 내가 새 일을 행하리니 이제 나타낼 것이라
너희가 그것을 알지 못하겠느냐 반드시 내가 광야에 길을
사막에 강을 내리니 (이사야 43:18~19)


## 7. 새 일을 행하시는 하나님

나는 배우는 것을 참 좋아한다. 그동안 동화구연지도사, 다중지능평가사, 도형상담사, 가정사역사, 요리심리상담사, 레크레이션지도사, 웰다잉강사지도사 가족힐링캠프지도자과정, 부모교육지도자과정 등 다양한 분야를 배우고 공부했다. 1급, 2급 자격증만 해도 10개나 된다. 길게는 2년 과정도 있었고 6개월, 4개월 등 오랫동안 가서 배우고 공부해야 하는 과정도 있었다.

강의가 썩 마음에 들지 않을 때도 있었지만 나의 시간과 물질을 투자해서 들은 그 날 강의 중에서 한 개라도 배운 것이 있다면 그것이 자기 발전에 도움이 될 것이라는 생각으로 즐겁게 배웠다. 배운 후에는 열심히 공부하고 준비해서 유치원과 교회에서 강의하여 나

혼자만의 발전으로 끝나지 않고 다른 사람들을 함께 세워나가는 일에 사용했다.

예전에는 무엇인가 배우려면 버스 타고, 기차 타고, 지하철 타고 다니며 많은 시간과 수고를 들여야 했었는데 요즘은 코로나19로 인해 집에서 편하게 줌으로 공부할 수 있게 되었다.

은퇴 후 시간이 많아진 나는 예수전도단창원지부에서 진행하는 '끝까지 잘 사는 부부' 강의를 5주간 들었다. 강의를 듣고 책도 읽으면서 우리 부부생활도 한 번 점검해보고 내가 진행했던 부부성장학교 강의도 다시 살펴보는 시간이 되었다.

## ♤ 성경적 성교육 강사 과정 수료

또 한국가족보건협회에서 진행하는 에이랩 성교육 아카데미에 등록하여 16주간 동안 열심히 공부했다. 그 결과 '성폭력예방지도사' 과정 수료증과 함께 '통합폭력예방지도사' 자격증도 받게 되었다.

지금 세상은 인본주의적인 잘못된 성교육이 만연하고 있다.

중학교 도덕 교과서(○○출판사)에 '우리는 성을 어떻게 생각해야 할까? (중략) 우리는 성을 통해 사랑을 확인할 수 있고 나아가 성은 모든 생명체를 탄생하게 하는 바탕이기 때문이다'라고 기술하여 중학생에게 성을 통해 사랑을 확인한다고 가르치고 있다.

고등학교 윤리 교과서(○○출판사)에는 '타인이나 사회적 관행 등 외부의 강요없이 스스로의 의지에 의해 성적 행동을 결정하는 권리를 성에 대한 자기 결정권이라고 한다'라고 기술하여 성적자기 결정권을 가르친다. 또 인권이라는 미명 하에 학생들도 성행위를 할 수 있는 권리가 있고, 선택할 자유가 있다고 교육하고 있다. 성문화센터 같은 곳에서는 안전하게 성관계할 수 있도록 콘돔 사용법을 가르치는 곳도 있다.

게다가 요즘 아이들은 태어날 때부터 스마트폰이 손에 쥐어지는 디지털 네이티브들이다. 아이들이 스마트폰을 통해 온갖 음란한 동영상들을 쉽게 접하며 성충동을 일으키고 성중독으로 갈 수 있는 위험에 처해있다. 이런 시대에 교회가 손 놓고 바라보고만 있어서는 안된다.

에이랩 성교육 공부를 하며 나는 사명감이 생겼다. 성적자기결정권에 따라 청소년도 성관계할 수 있고, 동성애가 인권이고, 낙태도 여성의 선택이라고 배우는 다음 세대들에게 생명주의 성교육을 하여 성경적 성가치관을 가질 수 있도록 해야 할 책임을 통감하게 되었다.

## ♤ 치유독서상담 과정 수료

에이랩 성교육 강사 과정을 공부하고 있던 중에 예전에 함께 독서모임을 했던 오권사님에게서 전화가 왔다.

"사모님, 이번에 신성회에서 '치유가 일어나는 독서모임' 자격 과정 세미나가 열리는데 사모님도 이번에 수강하시기를 추천합니다."

"권사님, 제가 요즘 성경적 성교육 공부를 하고 있는데 숙제가 많아서 같이 병행하기는 힘들거 같아요. 내년에 할게요."

"이번 기수에 수강 신청이 적어서 추가 모집을 하고 있어요. 웬만하면 꼭 하시면 좋겠어요."

권사님의 권유로 치유독서 세미나 과정도 시작하게 되었다. 6주 동안 독서상담 지도자의 상담 대화 기술과 소그룹 독서상담의 이론과 실제를 공부했다. 그 후 10주 동안은 매주 한 권씩 책을 읽고 직접 소그룹 모임 인도를 하며 적용 질문을 통해 서로의 느낌과 삶을 나누며 상담 대화하는 공부를 했다.

책은 작가가 수년간 쌓아온 학문을 단 며칠 만에 읽으며 세계의 석학들에게 개인 지도를 받을 수 있는 놀라운 도구이다. 이렇게 놀라운 도구를 나는 매일 60~70페이지씩 읽었다. 10주 동안

〈내 아이를 위한 사랑의 기술 감정코치〉, 〈나를 사랑하게 하는 자존감〉, 〈강자와 약자〉, 〈멋진 남편을 만든 아내〉, 〈자아상의 치유〉, 〈아직도 가야할 길〉, 〈서로를 이해하기 위하여〉, 〈가족의 두 얼굴〉, 〈회복 탄력성〉, 〈상한 감정의 치유〉 등 필독서 10권을 읽었다.

책을 읽고 소그룹에서 서로 나누며 나의 자녀양육 방식도 돌아보고 내 안에 있는 내면아이도 만나고 나의 원가족과의 관계, 남편과 자녀와의 관계도 돌아보며 재정립할 수 있었다.

이제 독서상담지도사로서 진해지역 사모 독서모임을 만들려고 한다. 독서모임을 통해 함께 책을 읽고 생각을 나누면 혼자서 읽을 때보다 더 많은 삶의 지혜를 공유할 수 있고 사모들의 애환도 함께 나누며 서로에게 힘이 되어줄 수 있을 것이라 생각하기 때문이다.

## ♧ AP Now 부모교육, AP Teens 부모교육 수료

나는 유치원에 재직할 때, 아이들을 잘 가르치는 것도 중요하지만 아이들을 양육하는 부모교육이 더욱 중요하다는 것을 절실히 느꼈다. 그래서 좋은 강의가 있는 곳이면 서울, 부산, 대구, 대전 등 어디든 달려갔고 여러 부모교육 강사 과정도 공부했다. 배운 것을 잘 준비하여 유치원에서 부모교육도 많이 했다.

요즘 젊은 부모들을 보면 마음이 짠하다. 인생을 살면서 여러 가지 역할을 하게 되지만 부모 노릇만큼 힘든 것도 없다는 것을 내가 경험했기 때문이다.

부모가 바로 서야 자녀들을 잘 키울 수 있고 그래야 우리나라도 소망이 있다. 그래서 내가 제일 하고 싶은 강의는 부모교육이다.

지금까지 해왔던 부모교육 강의를 재정립하기 위해 AP Now 부모교육과 AP Teens 부모교육 과정에 등록을 했다. Now는 사춘기 이전 자녀를 둔 부모들 대상이고 Teens는 중,고,대학생 자녀를 둔 부모들을 대상으로 하는 적극적인 부모역할 훈련이다.

두 과정 각각 5주간씩 밤 10시~12시까지 열심히 공부했다. 이제 공부한 것들을 자녀양육에 꼭 필요한 성경적 부모교육 내용으로 다시 준비할 생각이다. 언제, 어디서 사용될지 알 수 없지만 새 일을 행하시겠다고 말씀하신 주님 앞에서 준비된 자로 서 있기 위해 지금도 나의 공부는 진행 중이다.


## ♤ 예뜰교육원 설립


어느날 편편힐링센터 대표인 김혜경사모님에게서 전화가 왔다. 푸드테라피, 생명존중강의, 군 독서코칭 등 다양한 대상들에게 교육을 하고 있는 사모님이 이번엔 디지털 전환교육을 한다고 했다.

자영업자들을 대상으로 하는 강의라 연구소나 교육원을 세우면 디지털 전환 교육을 받을 수 있으니 내게도 센터나 교육원을 개설해 보라고 했다.

나는 기도하면서 하나님께 물었다.

"주님, 지금까지 제게 다양한 공부를 하도록 인도해 주심이 이것을 위한 것인가요? 센터나 교육원 중에서 어떤 것이 좋을까요? 이름은 무엇으로 할까요?"

매일 수변공원을 걸으며 주님과 대화하는 중에 어느날 갑자기 '예뜰교육원'이라는 이름이 떠올랐다. 내가 살고 있는 아파트 이름인 '에일린의뜰'에서 아이디어를 얻었다.

'아, 예수님의 뜰! 예뜰이면 좋겠다.'라고 생각하고, 다음날 바로 창원 세무서에 가서 '예뜰교육원'으로 사업자등록증을 발급받았다.

동부유치원장에서 예뜰교육원 원장이 되었다. 예뜰교육원을 통해 유치부, 초등부, 중고등부 대상 성경적 성교육과 부모교육, 교사교육, 가정사역, 웰다잉 강의, 다중지능검사 및 상담 등 다양한 교육을 할 수 있기를 소망한다.

그동안 다양한 공부를 하도록 준비시켜 주시고 은퇴 후에도 계속 공부하게 하신 하나님께서 예뜰교육원을 세우게 하셨다. 주님의 계획하심을 다 알 수는 없지만, 녹슨 못이 아닌 닳은 못으로 사용해 주시길 기대하며 기도드린다.

> 사람의 걸음은 여호와로 말미암나니 어찌 자기의 길을 알 수 있으랴
> (잠언 20:24)

## 8. 아름다운 인생 2막

〈100년을 살아보니〉책의 저자 김형석교수는 인생에서 제일 행복한 시기가 60세~75세까지라 했다. 젊었을 때는 돈을 벌고 자녀를 공부시키고 부모를 부양하는, 가족들을 위한 삶을 살았다면 60세 이후에는 직장에서 은퇴하고 가족 부양에 대한 책임에서도 벗어나서 자신을 위한 삶을 살 수 있기 때문이라고 했다. 그 시기가 계란으로 치자면 노른자 같은 시기, 인생의 황금기라는 것이다. 그래서 '인생은 60부터'라는 말이 있다는 것이다.

## ♤ 내 인생의 황금기

은퇴를 해보니 정말로 그 말이 실감 났다. 매일 출근하지 않아도 되고 더 이상 결정을 내리고 책임져야 할 일이 없다는 것이 얼마나 가벼운지! 무거운 짐을 잔뜩 지고 먼 길을 돌아와서 짐을 부린 머슴의 가벼움이 이런 것일까? 긴 긴 코스를 다 뛰고 난 마라토너의 홀가분함이 이런 것일까?

가장 좋은 점은 내가 원하는 일에 마음껏 시간을 사용할 수 있다는 것이다. 매일 아침 큐티를 하며 말씀 속에서 하나님을 만난다.

2021년 한 해는 매일 성경말씀을 낭독 녹음하여 '신애숙과 함께하는 1년 1독 성경 읽기'로 유튜브에 올렸다. 구약성경에서 하나님께서 직접 말씀하신 부분들을 나의 음성으로 읽으며 하나님의 마음을 더 깊이 느낄 수 있었다.

신약에서는 예수님이 말씀하신 부분을 나의 음성으로 읽으며 나를 사랑하시는 예수님의 사랑이 너무 감사해서 울컥울컥 울다가 몇 번이나 녹음을 중단하기도 하고 때로는 감격하여 눈물을 흘리며 읽을 때도 있었다.

저녁에는 수변공원을 걸으며 우리 주님과 찐데이트를 한다.

주님께 묻기도 하고 내 생각을 말씀드리기도 한다. 때로는 우리 주님께서 대답해주실 때도 있고 좋은 생각을 주시기도 하고 때로 강의 내용도 생각이 나서 집에 와서 노트북에 정리하기도 한다.

주간기도표를 만들어서 가족과 형제들, 교회와 선교사, 나라와 북한, 중보기도 대상자들의 이름을 요일마다 기록하여 기도한다. 아직은 기도 무릎이 약하지만 더 깊은 기도의 자리까지 나아가고 싶은 소망이 있다.

큐티할 때 말씀을 통해 계속 전도에 대한 부담을 주셔서 마스크를 500장 주문하여 5장씩 봉투에 넣고 결신문을 넣어 사람들에게 전했다.

작정표를 만들어 매일 큐티와 성경암송, 기도, 감사 노트작성, 걷기, 스트레칭, 피아노치기, 독서, 책쓰기, 불평 않기, 험담 않기를 실천하고 체크한다. 눈뜨면서 감사하고 눈감으며 감사하는 하루하루가 정말 행복하다.

## ♤ 남편 인생의 황금기

"여보, 나도 이 사람처럼, 은퇴하면 부엌을 장악해야겠어. 남자들이 은퇴하면 매일 집에 있으면서 삼식이가 되어 눈치덩어리가 된다는데 나는 내가 직접 요리를 해서 절대로 눈치덩어리 안될거야."

은퇴하기 몇 년 전에 신문에서 한 칼럼을 보다가 남편이 말했다.

그 말대로 남편은 은퇴하기도 전에 부엌을 장악하고 요리를 하기 시작했다. 남편은 요리에 관심도 많고 음식 하는 손도 빠르고 맛도 있다. 핸드폰에 '만개의 레시피' 소식 받기를 해두고 하고 싶은 요리를 정하여 장을 보고 요리를 한다.

나는 요리에 별 취미가 없는데 남편은 요리가 재미있다며 자신의 취미 생활이라고 말한다. 덕분에 나는 날마다 세상에서 최고로 맛있는 밥(남이 해주는 밥)을 먹고 산다.

정리정돈에 은사가 있는 나는 매일 집을 깨끗하게 청소를 하고, 요리에 은사가 있는 남편은 요리를 한다. 전통적인 남자와 여자의 역할 구분이 아닌 각자 좋아하고 잘 할 수 있는 은사대로 살아가니 서로 행복하다.

시간이 많아진 남편은 그동안 하고 싶었던 일들을 마음껏 할 수 있게 되었다. 매일 피아노를 치며 반주법을 익혀서 찬송가 반주를 꽤 잘한다. 남편의 반주에 맞춰 부부가 함께 찬양하는 시간이 참 행복하다.

매일 국민생활체육센터에 가서 땀을 흠뻑 흘리며 탁구를 치면서 건강도 챙긴다. 사진찍기를 좋아하는 남편은 틈틈이 뒷산을 등산하며 사진을 찍는다. 동영상 만드는 법도 공부하여 우리 교회의 연세 드신 어르신들의 미니 다큐멘터리를 만들어 드리기도 한다.

농어촌 교회를 다니며 목회자들과 성도들의 사진을 찍어 액자를 만들어서 선물하고 목회자의 미니 다큐멘터리를 만들어주는 것이 남편이 앞으로 하고 싶은 일이다.

남편은 또 성경의 맥을 잡아주는 성경통독 프로그램을 만들기 위해 공부를 시작했다. 목회할 때부터 늘 하고 싶었지만 여력이 없어서 못 했던 일을 이제는 할 수 있는 시간과 여유가 있다는 것이 얼마나 감사한 일인지!

어떤 사람들은 은퇴를 하고 부부가 하루종일 같이 있다 보면 많이 싸운다고들 하던데 우리 두 사람은 서로 상대방의 시간과 공간을 존중해주며 따로! 또 같이! 하는 일상에 싸울 일은 없다.

인생 1막을 잘 마무리 하고 새롭게 시작하는 인생 2막을 이렇게 아름답고 행복하게 살 수 있게 해주신 하나님의 은혜가 생각하면 할수록 참으로 놀랍고 감사하다.

의인은 종려나무같이 번성하며 레바논의 백향목같이 성장하리로다
그는 늙어도 여전히 결실하며 진액이 풍족하고 빛이 청청하니
여호와의 정직하심과 나의 바위 되심과 그에게는 불의가 없음이
선포되리로다 (시편 92:12~15)

**신애숙과 함께 하는 1년 1독 성경읽기**
https://youtu.be/ONy5dN9F_0c
(신애숙과 함께 하는 1년 1독 성경읽기 유튜브 주소)

## 9. 까르페 디엠! 메멘토 모리!

옛날에는 60이면 노년기라 생각하고 손주들 재롱이나 보며 살 나이라고 생각하겠지만 수명이 많이 길어진 요즘 세상은 60이면 아직 청춘이다. 실제로 UN이 새로 정립한 나이 기준은 18~65세까지를 청년으로 정했다.

내 나이 60이 넘었지만 스스로 늙었다는 생각은 한 번도 해보지 않았다. 그런데 어느 날 은행에 볼일이 있어서 갔을 때 일처리를 하던 은행 직원이

"어르신, 이건 어떻게 해드릴까요?"

하고 물었다.

'어르신이라니? 내가 벌써 어르신이라 불릴 만큼 연식이 있어 보인다는 말인가?'

노인대학생들에게 내가 자주 사용하던 호칭을 나도 듣게 되니 기분이 이상했다. 돌아오는 길에 가만히 생각해보았다.

'나도 이제 젊은이들이 보기에는 어르신이라고 부를 만큼 나이들어 보이는가 보다. 그렇다면 내가 어르신이라는 호칭을 들을만한 어른이 되어있는가?'

어른은 얼(정신)이 큰 분이라는 뜻이다. 어르신은 얼(정신)이 커

서 신이 된 사람, 인간 완성의 경지에 이른 분을 일컫는 말이다.

자신이 몸 담고 있는 사회와 주변 사람들을 이롭게 하여 모두가 행복해지기를 바라는 정신을 가지고 나이가 들어가면 어르신이 된다. 남이야 어떻게 되든 자신과 자기 가족만 잘되고 자기들만 잘 살면 된다는 이기적인 생각을 가진 채 나이가 들면 늙은이, 노인네가 된다. 어르신이 될지 노인네가 될지는 자신이 선택하는 것이다.

전 예일대교수였던 전혜성 박사는 〈가치있게 나이드는 법〉 책에서 '이웃을 위해, 세상을 위해 우리가 할 수 있는 일은 반드시 거창한 것이 아니다. 아무리 미미할지라도 긍정적인 변화를 가져올 수 있는 일이라면 지금 당장 성과가 나타나지 않아도 내가 할 수 있는 일이라면 그것만으로도 충분한 의미와 가치를 지닌 것이다.'라고 했다.

나는 은퇴 후의 삶에 대한 여러 권의 책을 읽고 강의도 들었다. 그리고 가치있게 나이 드는 어르신이 되기로 선택했다. 내가 할 수 있는 작은 것부터 하나씩 실천하기로 했다.

쓰레기를 주워 담을 가방과 집게를 두 개씩 샀다. 남편과 함께 산에 갔다가 내려오면서 눈에 띄는 쓰레기를 주웠다. 우리 뒤에 걷는 사람들은 깨끗한 길을 걸었으면 하는 생각에서다.

엘리베이터에서나 주차장에서 사람들을 만났을 때 밝은 얼굴로 먼저 인사하기, 병과 플라스틱에 붙은 라벨 깨끗이 떼고 쓰레기 분리수거 철저히 하기, 분리수거장 깨끗이 정리하고 오기, 명절에 경비아저씨들께 선물하기, 성탄절에 이웃들에게 작은 선물 나누기 등 내가 사는 곳에서부터 실천하고 있다. 일상의 삶을 통하여 가까운 곳에서부터 선한 영향력을 끼치는 진정한 어른이 되었으면 한다.

사람은 배우기를 멈추면 그때부터 늙기 시작한다. 늙으면 고집이 세어진다. 자기가 살아온 방식과 자기 생각에서 벗어나지 못하기 때문이다. 그래서 계속 배우고 변화되어야 한다. 나는 아직도 배우고 싶은 것이 참 많다.

앞으로도 인생 2막의 삶을 부지런히 배우고 공부하며 또 그것을 다른 사람들에게 가르치며, 하루하루 성실하고 행복하게 '지금 이 순간에 충실하라'는 까르페 디엠의 삶으로 살아가고 싶다.

주님이 부르시는 그 날, 이 땅에서의 삶을 잘 끝내고 나의 본향으로 돌아갈 날을 바라보며, 죽음이 부활로 이어지는 메멘토 모리의 삶을 살아갈 것이다.

보라 하나님의 장막이 사람들과 함께 있으매 하나님이 그들과 함께
계시리니 그들은 하나님의 백성이 되고 하나님은 친히 그들과 함께
계셔서 모든 눈물을 그 눈에서 닦아 주시니 다시는 사망이 없고
애통하는 것이나 곡하는 것이나 아픈 것이 다시 있지 아니하리니
처음 것들이 다 지나갔음이러라 (요한계시록 21:3~4)

# 에필로그

" 모든 것이 다 주의 은혜라 "

27세에 결혼하자마자 사모가 되었다. 성도들이 "사모님"이라고
부를 때마다 숨고 싶고, 피하고 싶었다. 내게 안 맞는 옷을 입은 것
처럼 늘 부담스러웠다. 빨리 나이가 들고 싶었다. 그런데 나이가 들
어도 "사모님" 소리는 여전히 부담스러웠다.

뜻하지 않게 유치원 운영을 맡게 되었고 사모와 유치원 원장 사
이에서 두 가지 다 잘 하고 싶었지만, 마음과는 달리 이것도 저것도
제대로 잘 못 하는 것 같은 자책감에 늘 성도들에게 미안했다.

많은 사역에 눌려 생긴 신경성 위장병은 지금까지도 나를 많
이 힘들게 한다. 40kg을 겨우 넘긴 약한 몸으로 자주 아프고 몸살
을 앓기도 했다. 이런 연약한 육신을 핑계로, 사모이면서도 새벽기
도 자리를 지키지 못할 때가 많아서 하나님과 성도께 늘 부끄러

운 마음이었다. 바쁘다는 핑계로 어렵고 힘든 성도들을 더 많이 안 아주고 더 많이 기도하고 더 많이 위로해주지 못해서 늘 죄송한 마음이었다.

주님의 몸된 동부교회가 큰 어려움을 당했던, 감당할 수 없는 큰 일 앞에서 어찌할 수 없어 하나님 앞에서 통곡하며 기도할 때도 있었다. 때로는 이제 그만 걸었으면 좋겠다고 생각할 때도 있었고, 때로는 완전히 엎드려져서 도저히 일어날 힘이 없다고 혼자 눈물지을 때도 있었다. 사모의 길은 내게 참 쉽지 않은 길이었다.


그런데 모든 사역을 내려놓고 지나온 날들을 돌이켜보니 힘들고 어려웠던 일보다 행복하고 감사한 일들이 훨씬 더 많았음을 깨닫는다.

수많은 잘나고 똑똑하고 건강한 사람들 중에서 유난히 약하고 흠 많고 부족한 나를 사모로 부르시고 사용해주신 것이 참으로 영광스러운 일이었음을...

사모였지만 유치원 원장으로, 또한 김기해목사의 동역자로 사역의 한 축을 맡아 끝까지 잘 감당하게 하신 것도 전적인 하나님의 은혜였음을...

나의 부족하고 연약함을 탓하지 않고 담임 목사의 사모라는 사실만으로도 잘 따라주고 사랑해주던 성도들과 함께 했던 30년이 진정한 행복이었음을...

이 모든 것 뒤돌아보니 "모든 것이 한없는 주님의 은혜였습니다"
라는 고백이 오늘 나의 고백이다.


해가 뉘엿뉘엿해지는 늦은 오후가 되면 남편과 나는 종종 뒷산이
나 바닷가로 석양을 보러 간다.

서산에 해가 저물어가면 붉은 물감으로 휙휙 칠해놓은 듯한 하늘
은 어떤 예술작품보다 더 멋지고 아름답다. 점점 더 붉어지는 저녁
노을을 바라보면서 내 인생도 이런 황혼의 때가 되었구나 하는 생
각이 들었다.

한낮의 태양 같은 젊음의 때보다 서서히 저물어가며 주위를 붉게
물들여가는 저녁노을의 때 같은 지금의 내가 좋다.

하나님께서 허락하신 내 인생의 연수가 언제까지일지 모르지만
나의 60대 보다 70대를 기대하고, 70대 보다는 80대를 기대하며, 하
나님을 더 많이 알아가고 더 많이 경험하고 그분을 더 많이 사랑하
게 될 나를 기대한다.


목회 현장 속에서 고민하는 목사님과 사모님들, 한창 아이들 키
우느라 힘든 젊은이들, 가정의 생계를 짊어지고 책임감으로 벅찬
이들, 전쟁과 같은 삶으로 고통스러워 하는 이들에게 이 또한 지나

가리라, 영원한 것은 없다고… 다시 한번 주님 바라보자고, 조금만 더 힘 내보자고 토닥여주고 싶다.

우리 각자의 십자가는 다르지만 그 사명을 주신 분은 하나님이며, 우리 모두를 날마다 도우시고 혼자 있게 두지 않으시는 임마누엘의 하나님임을 믿는다.

부족하지만 내가 가진 것들을 더 많이 나누고 따뜻한 손길을 내미는 나의 남은 삶이 되길 소망하며, 우리 모두의 생의 퍼즐들을 어느 날인가 완벽히 이루어내실 하나님의 손길을 기대하며 기도드린다.

> 내 평생에 선하심과 인자하심이 반드시 나를 따르리니
> 내가 여호와의 집에 영원히 살리로다 (시편 23:6)